Sachsen

# Praxis Sprache 7

Sprechen
Schreiben
Lesen

**Arbeitsheft**

Herausgegeben von Wolfgang Menzel

Erarbeitet von Ute Hirth
Regina Nußbaum
Roswitha Radisch
Günter Rudolph

Illustriert von Konrad Eyferth

westermann

**Diagnostizieren. Fördern. Evaluieren.**
Die OnlineDiagnose zu diesem Lehrwerk testet die wichtigsten Kompetenzen und erstellt individuelle Fördermaterialien und Arbeitshefte zum Downloaden oder Bestellen. Nähere Informationen unter **www.onlinediagnose.de**

## Liebe Schülerinnen und Schüler,

ihr findet in diesem Arbeitsheft auf vielen Seiten Aufgaben und Materialien in den Farben **Türkis** und **Rot**, unter denen ihr auswählen könnt:

- **Türkise Aufgaben, Texte und Übungsmaterialien**
  sind etwas einfacher und kürzer. Sie geben euch Hilfestellungen, die ihr für eure Arbeit nutzen könnt.
- **Rote Aufgaben, Texte und Übungsmaterialien**
  sind etwas schwieriger und umfangreicher.

# Inhalt

## → Eine Tabelle lesen und auswerten

Im Jahr 2010 wurde im Auftrag von **GEOlino** und **UNICEF** unter 1 500 Kindern in Deutschland eine Befragung durchgeführt. Unterstützt hat diese Befragung das Bundesministerium für Arbeit und Soziales.

**1** Verschaffe dir zuerst einmal einen Überblick über den Inhalt der folgenden Tabelle.
- Worum geht es? Wie lautet die zentrale Frage?
- Wer wurde befragt? Wie alt war die Gruppe der Befragten?
- Zu welchen Bereichen wurden Fragen gestellt?

| | **Antworten der Kinder im Alter von 6–14 Jahren in Prozent** | | | | |
|---|---|---|---|---|---|
| **„Wie wichtig ist dir denn …?“** | a) sehr wichtig | b) wichtig | c) nicht so wichtig | d) überhaupt nicht wichtig | e) weiß nicht/ keine Angabe |
| **Familie:** Eltern, Geschwister, Großeltern, Zeit gemeinsam verbringen | 75 | 21 | 3 | 0 | 1 |
| **Freundschaft** | 75 | 23 | 2 | 0 | 0 |
| **Geborgenheit:** sich geborgen, sicher und beschützt fühlen | 58 | 38 | 3 | 0 | 1 |
| **Vertrauen:** jemandem vertrauen können, wissen, dass man auf den anderen zählen kann | 57 | 40 | 2 | 0 | 1 |
| **Ehrlichkeit:** anderen gegenüber ehrlich sein | 52 | 42 | 6 | 0 | 0 |
| **Zuverlässigkeit/Treue:** zuverlässig sein, sich aufeinander verlassen können | 51 | 44 | 3 | 0 | 2 |
| **Bildung:** viel lernen und wissen, um später guten Beruf zu bekommen | 50 | 41 | 7 | 1 | 2 |
| **Gerechtigkeit:** andere gerecht behandeln, nicht ungerecht sein | 46 | 48 | 4 | 1 | 3 |
| **Hilfsbereitschaft/Schwächeren helfen:** Menschen helfen, denen es nicht so gut geht | 42 | 50 | 6 | 0 | 2 |
| **Leistungsbereitschaft:** gute Leistungen bringen, z. B. in der Schule | 38 | 51 | 9 | 0 | 2 |
| **Respekt:** andere ernst nehmen, wichtig nehmen | 35 | 52 | 9 | 1 | 4 |

**2** Beantworte nun folgende Fragen schriftlich:

- Wie lautet die zentrale Fragestellung?

___

- Von wem wurde die Befragung in Auftrag gegeben?

___

- Auf welche Personen und Altersklassen beziehen sich die Daten?

___

- In welcher Maßeinheit werden die Ergebnisse angegeben? ___

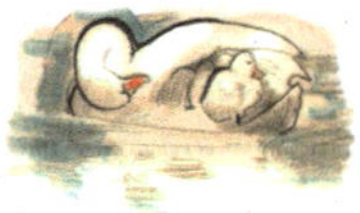

- Schreibe die vier Bereiche auf, die für die befragten Kinder am wichtigsten sind.

___

___

___

___

- Gibt es Ergebnisse/Werte, die dich überrascht haben?

___

- Beantworte jetzt selbst die Fragen. Kreuze dazu die entsprechenden Stellen in der Tabelle an.

**3** In allen angegebenen Bereichen der Befragung werden Erläuterungen gemacht, nur zum Thema Freundschaft nicht.

- Was verstehst du unter Freundschaft?

___

- Erkläre, wie wichtig dir Freundschaft ist. Begründe deine Aussage.

___

___

___

___

**4** Übertrage die Antworten der Kinder aus der **Tabellenspalte a)** in ein Balkendiagramm. Nimm dir dazu ein gesondertes Blatt.

## → Ein Gespräch untersuchen

M

### Gesprächsverhalten

Die Art und Weise, wie sich jemand in einem Gespräch äußert und verhält, nennt man **Gesprächsverhalten**. Das Gesprächsverhalten hängt nicht nur von der Gesprächssituation und vom Gesprächsthema ab, sondern auch von der Stimmung des Sprechers und vom Verhalten der anderen Gesprächsteilnehmer. Im Verlauf einer Unterhaltung kann sich das Gesprächsverhalten der einzelnen Sprecher verändern.

Man spricht von positivem Gesprächsverhalten, wenn sich ein Gesprächsteilnehmer zielorientiert, sachlich, verständnisvoll, vermittelnd, unterstützend, einlenkend, überzeugend oder besonnen verhält. Weicht ein Gesprächsteilnehmer aber gezielt vom Thema ab oder äußert er sich ironisch, überheblich, provozierend, verletzend, rücksichtslos, aggressiv oder unsachlich, dann zeigt er/sie ein negatives Gesprächsverhalten.

**1** Zu Beginn des Schuljahres werden in jeder Klasse die Klassensprecher und ihre Stellvertreter gewählt. In Vorbereitung der Wahl diskutieren Schülerinnen und Schüler einer 7. Klasse in einzelnen Gruppen, wen sie als Kandidaten oder als Kandidatin vorschlagen wollen. Lies dir das folgende Gruppengespräch zunächst einmal durch.

## Wer soll unser Klassensprecher/unsere Klassensprecherin werden?

**Lena:** Also, ich fang mal an. Ich schlage Norman als Klassensprecher vor, weil wir ihn fast alle mögen. Außerdem ist er der beste Sportler in unserer Klasse.

**Florian:** Hm, aber ist das das Wichtigste für die Wahl zum Klassensprecher? Und ob Norman neben den Trainingszeiten und Wettkämpfen überhaupt noch Zeit hat, sich um unsere Klasse zu kümmern?

**Louisa:** Tja, da geb ich dir recht, Flori. Aber Norman könnte vielleicht Stellvertreter sein?

**Marwin:** Das glaub ich jetzt nicht! Du schlägst ihn doch nur vor, weil er in deiner Clique ist! Und jetzt willst du dich für ihn starkmachen. Nee, nee, so läuft das nicht.

**Louisa:** Das stimmt doch gar nicht! Ein Klassensprecher muss doch mit allen in der Klasse guten Kontakt haben. Und das hat Norman.

**Jonas:** Oh, Mann! Was ist das denn für ein dummes Geschnarche! Ihr quasselt über Namen, statt erst mal zu checken, was denn ein Klassensprecher überhaupt für Qualitäten haben muss. Ist das bei euch angekommen?

**Lena:** Nun krieg dich mal wieder ein. Erstens war es ein *Vorschlag*, und zweitens kannst du uns ja mal erklären, wie ein Klassensprecher deiner Meinung nach sein sollte.

**Jonas:** Das ist doch logo! Er muss der Schlauste unter uns Profis sein. Und eine megaschnelle Ansage in der Schülerratssitzung machen können, damit wir den perfekten Stundenplan kriegen.

**Marwin:** Wenn man dich so reden hört, könnte man glatt denken, dass du der Richtige dafür wärst. Ha, ha!

**Florian:** Na ja, so verkehrt ist das gar nicht, was Jonas sagt. Wir sollten schon jemanden wählen, der seine Meinung vor der Klasse, aber auch vor den anderen Schülersprechern überzeugend darlegen kann. Und wenn er in die Schulkonferenz gewählt wird, was ja ab Klasse 7 möglich ist, muss er mit Eltern und Lehrern über Entscheidungen diskutieren können.

**Lena:** Ja, da ist was Wahres dran! Und er muss unsere Interessen dort durchsetzen können. Da fällt mir ein, dass wir immer noch keine Tischtennisplatte auf dem Schulhof haben. Außerdem brauchen wir zum nächsten Tag der offenen Tür für unseren Schoko-Früchte-Stand einen anderen Platz.

**Louisa:** Ihr denkt wieder mal nur an das Organisatorische. Ich bin aber der Meinung, dass wir erst einmal unser Klassenklima in Ordnung bringen sollten. Es kann ja nicht sein, dass immer nur ein paar Schüler ihre Meinung sagen und sich um alles kümmern.

**Jonas:** Klare Ansage! Deshalb steht auf meiner Wahlliste ganz oben Alexandra. Sie hat einen fairen Draht zu allen und bringt die anderen schon auf Trab. Wäre doch easy, oder?

**Florian:** Eigentlich hast du recht. Ich schließe mich deiner Meinung an. Alexandra ist wirklich eine gute Kandidatin. Wenn sie sich etwas vorgenommen hat, dann ist sie eisern. Und ein gutes Zeugnis hat sie vor den Ferien auch bekommen.

**Lena:** Okay, dann sind wir uns also einig: Wir schlagen Alexandra als Klassensprecherin vor, weil sie mit allen offen und fair umgeht, sich durchsetzen und andere gut motivieren kann. Außerdem hat sie keine Probleme mit dem Lernen und kann überzeugend sprechen.

**Louisa:** Und was ist mit Norman als Stellvertreter? Ich denke, dass ihm unsere Klasse wichtig ist. Deshalb wird er auch Zeit für uns finden, wenn wir ihn brauchen.

**Marwin:** Okay, vielleicht habe ich das doch falsch gesehen.

**2** Beantworte aus der Sicht des Beobachters folgende Fragen zu diesem Gespräch:

- Welche Schülerinnen und Schüler tragen durch ihr positives Gesprächsverhalten zur Klärung der Frage bei?
- Wer übernimmt die Führung in der Diskussion?
- Wer unterstützt andere?
- Wer sagt manchmal nicht deutlich genug, was er meint?
- Wer lenkt vom Thema ab?
- Wer kritisiert zwar flapsig, bringt aber auch neue und richtige Gedanken ein?
- Wer erinnert an Vergessenes?
- Wer verbessert sein Gesprächsverhalten während der Diskussion?

**3** Stell dir vor, du hättest an diesem Gespräch teilgenommen.
Schreibe auf, was dir für die Wahl des Klassensprechers/der Klassensprecherin wichtig wäre.

**4** Um deinen Standpunkt in einer Diskussion deutlich zu machen, kannst du die folgenden Formulierungsvorschläge nutzen:

*Ich bin der Meinung, dass …*
*Meiner Meinung nach …*
*Ich denke, dass …*
*Natürlich hat … recht, wenn sie sagt, dass … Aber sie vergisst dabei, dass …*
*Einerseits ist es richtig, dass … Andererseits aber …*
*Die Antwort von … hat mich überzeugt/nicht überzeugt, denn …*
*Da ist natürlich etwas Wahres dran, aber man muss auch bedenken, dass …*
*Ich sehe das genauso wie …, weil …* *Ich sehe das anders, denn …*
*Ich schließe mich der Meinung von … an, denn …*
*Nein, das sehe ich ganz anders, weil du nämlich Folgendes übersehen hast: …*

**5** Untersuche, ob die eine oder andere Formulierung in dem Gespräch der Schüler vorkommt. Markiere sie im Text.

**6** Jonas drückt sich im Gespräch etwas flapsig aus. Trotzdem hat er klare Ansichten. Lies noch einmal nach, was ihm wichtig ist. Schreibe dann mit deinen Worten auf, was er meint.

**Jonas: erster Gesprächsbeitrag**

**Jonas: zweiter Gesprächsbeitrag**

**Jonas: dritter Gesprächsbeitrag**

## → Eine Kalendergeschichte lesen und erschließen

Johann Peter Hebel (1760–1826) arbeitete als Lehrer und Direktor an einem Gymnasium. Später wurde er Professor und schließlich übernahm er ein hohes Amt in der evangelischen Kirche.
Von 1803 bis 1811 betreute er den Volkskalender „Der Rheinländische Hausfreund". Aus den darin abgedruckten Kalendergeschichten wählte J. P. Hebel die schönsten aus und veröffentlichte sie 1811 als Buch unter dem Titel „Schatzkästlein des rheinischen Hausfreundes".

### Kalendergeschichte

M

Die **Kalendergeschichte** ist eine kurze Erzählung zur Unterhaltung und Belehrung. Meist handelt sie von merkwürdigen, witzigen oder nachdenklich stimmenden Begebenheiten, die der Autor irgendwo gehört oder gelesen hat.

Benannt wurde diese Textsorte nach ihrem anfänglichen Verbreitungsmedium, dem Kalender. Dieser war früher neben der Bibel das einzige Druckerzeugnis in vielen Haushalten.

**1** Die folgende Kalendergeschichte ist von Johann Peter Hebel.
Sie hat die Überschrift: **Der geheilte Patient.**
Vermute einmal, worum es in einer Geschichte mit dieser Überschrift gehen könnte.

___

___

**2** Lies dir nun die Kalendergeschichte von Johann Peter Hebel in Ruhe durch.

## Der geheilte Patient

Reiche Leute haben manchmal auch allerlei Lasten und Krankheiten auszustehen, von denen gottlob der arme Mann nichts weiß, denn es gibt Krankheiten, die nicht in der Luft stecken, sondern im bequemen Leben. Davon weiß ein reicher Amsterdamer Bürger zu berichten.

Den ganzen Vormittag saß er im Lehnsessel und rauchte Tabak oder schaute zum Fenster hinaus. Zu Mittag aß er aber wie ein Drescher, der schwer gearbeitet hatte. Kein Wunder also, dass der reiche Mann immer dicker wurde und ihm jede Bewegung unendlich schwerfiel. Den ganzen Nachmittag bis zum Abend aß und trank er ebenfalls, bald etwas Kaltes, bald etwas Warmes, ohne Hunger und ohne Appetit, nur aus lauter Langeweile. Man konnte bei ihm nie recht sagen, wo das Mittagessen aufhörte und wo das Nachtessen anfing. Nach dem Nachtessen legte er sich ins Bett und war so müde, als ob er den ganzen Tag Steine abgeladen oder Holz gespalten hätte. Davon bekam er zuletzt einen dicken Leib, der so unbeholfen war wie ein Maltersack[1]. Seine Nachbarn sagten manchmal: „Windet's draußen, oder schnauft nur der Nachbar so?"

Einige Zeit ging das so, dann aber wollten ihm Essen und Schlaf nicht mehr schmecken, und der reiche Amsterdamer Bürger war nicht richtig gesund und auch nicht richtig krank. Er selber aber klagte immerfort über 365 Krankheiten, nämlich alle Tage eine andere. Alle Ärzte in Amsterdam mussten ihm raten. Er verschluckte ganze Feuereimer voll Mixturen und ganze Schaufeln voll Pulver und Pillen, wie Enteneier so groß. Zuletzt nannte man ihn scherzhafterweise nur die zweibeinige Apotheke.

Aber alle Arzneien halfen ihm nichts, denn er befolgte nicht, was ihm die Ärzte befahlen, sondern sagte: „Ich bin ein reicher Mann! Wieso soll ich auf das gute Essen verzichten und leben wie ein Hund? Will mich der Doktor etwa nicht gesund machen für mein Geld?"

Endlich hörte er von einem Arzt, der 100 Stunden weit weg wohnte. Man sagte, er sei so geschickt, dass die Kranken gesund werden, wenn er sie nur recht anschaue. Sogar der Tod gehe ihm aus dem Weg, wo er sich sehen lasse.

Zu eben diesem Arzt fasste der Mann ein Zutrauen. In einem Brief an ihn beschrieb er seinen Umstand. Der Arzt merkte bald, was ihm fehlte, nämlich nicht

Arznei, sondern Mäßigkeit und Bewegung. Deshalb sagte er zu sich: „Warte, dich will ich bald kuriert haben!", und schrieb folgendes Brieflein:

„Guter Freund, Ihr habt einen schlimmen Umstand, doch wird Euch zu helfen sein, wenn Ihr folgen wollt. Ihr habt ein böses Tier im Bauch, einen Lindwurm[2] mit sieben Mäulern. Mit dem Lindwurm muss ich selber reden, und Ihr müsst zu mir kommen. Aber Ihr dürft nicht fahren oder auf dem Rösslein reiten, sondern Ihr müsst zu Fuß zu mir kommen, sonst schüttelt Ihr den Lindwurm und er beißt Euch die Eingeweide entzwei. Außerdem dürft Ihr nicht mehr essen als zweimal am Tag einen Teller voll Gemüse, mittags ein Bratwürstlein dazu und nachts ein Ei und am Morgen ein Fleischsüpplein mit Schnittlauch drauf. Was Ihr mehr esst, davon wird nur der Lindwurm größer, sodass er Euch die Leber erdrückt und Ihr Euch schon den Sarg bestellen könnt. Dies ist mein Rat, und wenn Ihr mir nicht folgt, so hört Ihr im nächsten Frühjahr den Kuckuck nicht mehr schreien. Tut, was Ihr wollt!"

Als der Patient den Brief gelesen hatte, ließ er sich sogleich den andern Morgen die Stiefel salben und machte sich auf den Weg, wie ihm der Doktor befohlen hatte.

Den ersten Tag ging es so langsam, dass eine Schnecke schneller gewesen wäre. Wer ihm begegnete und ihn grüßte, dem dankte er nicht, und wo ein Würmlein auf der Erde kroch, das zertrat er. Aber schon am zweiten und am dritten Morgen kam es ihm vor, als wenn die Vögel schon lange nimmer so lieblich gesungen hätten wie heut, und der Tau schien ihm so frisch und die Kornrosen im Feld so rot, und alle Leute, die ihm begegneten, sahen so freundlich aus, und er auch, und alle Morgen, wenn er aus der Herberge ausging, war's schöner, und er ging leichter und munterer dahin, und als er am 18. Tage in der Stadt des Arztes ankam und den andern Morgen aufstand, war es ihm so wohl, dass er sagte: „Ich hätte zu keiner ungeschickteren Zeit gesund werden können als jetzt, wo ich zum Doktor soll. Wenn's mir doch nur ein wenig in den Ohren brauste, oder das Herzwasser lief mir."

Als er zum Doktor kam, nahm ihn der Doktor bei der Hand und sagte ihm: „Jetzt erzählt mir noch einmal von Grund auf, was Euch fehlt." Da sagte er: „Herr Doktor, mir fehlt gottlob nichts, und wenn Ihr so gesund seid wie ich, so soll's mich freuen." Der Doktor entgegnete: „Das hat Euch ein guter Geist geraten, dass Ihr meinem Rat gefolgt habt. Der Lindwurm ist jetzt abgestorben. Aber Ihr habt noch seine Eier im Leib, deswegen müsst Ihr wieder zu Fuß heimgehen und daheim fleißig Holz sägen und nicht mehr essen, als Euch der Hunger ermahnt, damit die Eier nicht ausschlüpfen. So könnt Ihr ein alter Mann werden", und lächelte dazu. Darauf sprach der reiche Fremdling: „Herr Doktor, Ihr seid ein feiner Kauz, und ich versteh Euch wohl."

Er folgte auch diesmal dem Rat des klugen Arztes und hat 87 Jahre, 4 Monate und 10 Tage gelebt wie ein Fisch im Wasser so gesund. Und immer, wenn ein neues Jahr begann, schickte er dem Arzt 20 Dublonen[3] zum Gruß.

1 Ursprünglich wurde das Getreide gemessen, nicht gewogen. Der Müller verwendete als Maß den Maltersack. Dieser Sack umfasste 48 Liter, also einen knappen Zentner.
2 schlangen- und drachenartiges Fabelwesen
3 Goldmünze (etwa 7 g schwer)

**3** Was war in dieser Geschichte überraschend für dich? Schreibe es auf.

______________________________________________

______________________________________________

______________________________________________

______________________________________________

**4** Der reiche Patient verändert sich im Laufe der Geschichte.
Notiere diese Veränderungen hier in Stichwörtern:

- Was für ein Mensch ist der reiche Amsterdamer Bürger am Anfang der Geschichte?
- Wodurch wird er zum Patienten? Was macht er falsch?
- Welche Versuche unternimmt er selbst, um gesund zu werden?
- Wer wird zu seinem Retter?
- Auf welche Art und Weise heilt der Retter den reichen Patienten?
- Wie verhält sich der Patient danach?
- Welche Einsicht gewinnt der reiche Patient zum Schluss?

**5** Schreibe auf, wie du den Satz in Zeile 101–102 verstehst.

# Isabel spricht nicht mehr mit mir

*Christa Zeuch*

Genau genommen ist das seit Montagmorgen so, dass Isabel nicht mehr mit mir spricht. Dabei sitzen wir in der Schule nur zwei Plätze auseinander! Sonst haben wir in jeder Pause zusammen gespielt. Doch seit Montag geht Isabel erst gar nicht raus auf den Schulhof. In den Pausen ist sie spurlos verschwunden. Und den Heimweg machen wir seitdem auch nicht mehr gemeinsam.

Ich habe nachgedacht. Bestimmt ist sie sauer auf mich. Nur, mir fällt nicht ein, woran das liegen könnte. Gestritten haben wir uns schon lange nicht. Außerdem sagt sie mir normalerweise, was sie nicht gut findet.

Vielleicht hat ihr jemand etwas über mich erzählt, etwas Gemeines, Schlimmes. Und nun kann sie mich nicht mehr leiden. Ich könnte sie ja einfach mal fragen. Oder ich könnte sie anrufen.

Mein Herz pocht bis in den Hals hinein, als ich den Hörer abnehme. Wie soll ich anfangen? Hoffentlich stottere ich nicht. Ich wähle ihre Nummer, ich warte.

Isabels Mutter hebt ab. Jetzt muss ich etwas sagen.

„Hallo, guten Tag, Frau Landau. Ist Isabel zu Hause?"

„Ja", sagt sie, und: „Moment. Hast du Halsschmerzen, Moritz? Du sprichst so heiser."

Sie ruft Isabel. Der Hörer zittert in meiner Hand. Dann ist Isabel am Apparat.

„Ach du, Moritz", sagt sie.

„Ja, ich wollte dich nämlich fragen, also ...", stammle ich. Es ist verflixt schwierig, einfach mit dem rauszurücken, was einem auf der Seele liegt.

„He, was ist, Moritz?"

Isabels Stimme hört sich etwas gelangweilt an. Oder sogar abweisend? Plötzlich habe ich Angst zu erfahren, was man ihr über mich erzählt hat. Nein, ich kann die Frage nicht stellen. „Was haben wir in Mathe auf? Hab's mir nicht aufgeschrieben", sage ich rasch und fühle mich wie ein Feigling.

Sie gibt mir die Hausaufgaben durch. Dann sagen wir uns „Tschüs" und weiter nichts.

Nach dem Telefonieren geht es mir noch schlechter. Was hat Isabel gegen mich? Wer könnte mich bei ihr schlechtgemacht haben? Der Ingo ..., schießt es mir durch den Kopf. Mit dem verstehe ich mich nicht so gut. Ich werde ihn zur Rede stellen. Aber eigentlich hat das auch Zeit bis morgen. Ja, morgen in der Schule werde ich ihn fragen. Oder noch besser, ich beobachte ihn erst ein Weilchen.

Am nächsten Tag in der Schule soll Isabel an die Tafel kommen. Unsere Lehrerin Frau Bödemann will ihr einige Wörter diktieren. Als Isa zur Tafel geht, stolpert sie über ihre eigenen Füße. Die Klasse lacht. Dann schreibt Isa „geboren" mit h, und zum Schluss fällt ihr die Kreide aus der Hand.

„Isabel!" Frau Bödemann lächelt etwas ungeduldig. „Was ist los mit dir? Du machst ein Gesicht wie sieben Tage Regenwetter."

Das hätte Frau Bödemann besser nicht sagen sollen. Obwohl Isabel sich nicht umdreht, kann ich sehen, dass sie jetzt weint. Frau Bödemann legt den Arm um sie und lässt sie erst einmal in Ruhe.

Dass Isabel Tränen runterkullern, kann ich gar nicht mit ansehen. Am liebsten würde ich sie auch umarmen. Aber sie will ja nichts mehr von mir wissen. Keinen einzigen Blick wirft sie mir zu. Und im Unterricht macht sie auch nicht richtig mit.

Auf dem Nachhauseweg halte ich es nicht mehr aus. Ich renne ihr nach und gehe neben ihr her. Bis zur Kreuzung bleiben wir stumm wie Fische. Dann nehme ich all meinen Mut zusammen. „Was hab ich dir getan, Isa!", rufe ich. „Sag es mir endlich!"

Bestürzt schaut mich Isa an. „Wieso getan? Gar nichts!"

„Und warum redest du dann nicht mehr mit mir?“

Mit sehr leiser, stockender Stimme sagt Isa dann: „Ach, das hat doch nichts mit dir zu tun. Es ist ja nur ... meine Oma, die ist sehr krank. Sie wird ... bald sterben.“

Ich erschrecke. Die fröhliche, liebe Oma Kunze, die ich auch kenne! Bei der ich mit Isabel in den letzten Ferien ein ganzes Wochenende verbracht habe! Kein Wunder, dass Isabel so verschlossen ist. Wegen der Oma ist sie traurig und besorgt. Und ich Blödmann könnte mich selber ohrfeigen. Hätte ich Isabel doch nur früher gefragt, dann hätte ich sie trösten können. „Vielleicht wird deine Oma wieder gesund“, sage ich.

Isabel schüttelt den Kopf.

In meiner Hosentasche habe ich Kaugummis. Ich halte ihr einen hin. Sie will keinen. Aber ich möchte so gern etwas für sie tun. Da nehme ich ihr die Schultasche ab.

Sie sagt: „Gib wieder her. Kann ich selber tragen. Du, Moritz, kommst du nachher ein bisschen zu mir rüber?“

Ich nehme ihr die Tasche wieder ab.

Und dann hat sie wieder die Schultasche in der Hand. Und dann ich. Und dann sie.

„Bis nachher“, sage ich, als wir zu Hause angekommen sind. Isabel nickt mir zu. Und ein wenig lächelt sie dabei.

**1** In welchem Verhältnis stehen die beiden Hauptfiguren dieser Geschichte zueinander?

______________________________

**2** Seit wann genau ist Moritz so traurig über Isabels Verhalten?
Markiere die entsprechende Stelle im Text.

**3** Moritz vermutet verschiedene Gründe, weshalb Isabel nicht mehr mit ihm spricht.
Lies noch einmal in den Zeilen 9–16 nach und notiere zwei Gründe.

______________________________

______________________________

______________________________

**4** Wie fühlt sich Moritz nach dem Telefonat mit Isabel?
Suche die Textstelle und markiere sie.

**5** Isabels Verhalten lässt Moritz keine Ruhe. Er geht der Sache auf den Grund und erhält am Ende Antworten, die alles erklären.

- Nimm Stellung dazu, wie dir Moritz' Verhalten gefällt.
- Würdest du auch so handeln? Begründe!

______________________________

______________________________

______________________________

______________________________

______________________________

______________________________

______________________________

## → Einen literarischen Text mit Hilfe von Leitfragen erschließen

# Der Sprung

*Leo N. Tolstoi*

Ein Schiff kehrte von der Weltumseglung zurück. Es herrschte stilles Wetter, und alles war an Deck. Bei den Mannschaften trieb sich ein großer Affe herum, an dem alle ihren Spaß hatten. Er machte drollige Faxen und Sprünge, schnitt komische Grimassen und äffte die Menschen nach. Man sah ihm an, dass er wusste, welchen Spaß er den Menschen bereitete, und wurde deshalb noch ausgelassener.

Plötzlich sprang er auf einen zwölfjährigen Knaben zu, den Sohn des Kapitäns. Er riss ihm die Mütze herunter, setzte sie sich auf den Kopf und kletterte flink den Mast hinauf. Alle lachten, nur der Junge wusste nicht, ob er weinen oder lachen sollte. Der Affe setzte sich auf den ersten Querbalken des Mastes, nahm die Mütze ab und machte sich daran, sie mit den Pfoten und Zähnen zu zerreißen. Es war, als necke er den Knaben. Er zeigte mit den Fingern auf ihn und schnitt dabei drollige Fratzen. Der Knabe drohte ihm mit der Faust, doch der Affe zerrte noch wütender an der Mütze. Die Matrosen lachten noch lauter; der Knabe wurde rot, warf seine Jacke ab und stürzte dem Affen auf den Mast nach. In wenigen Sekunden hatte er die erste Rahe[1] erklommen. In dem Augenblick aber, als er schon glaubte, die Mütze fassen zu können, war der Affe flinker und kletterte noch höher hinauf.

„Du entgehst mir doch nicht!", rief der Knabe und kletterte noch höher. Der Affe lockte ihn wieder zu sich und kletterte höher. Den Knaben hatte der Zorn gepackt, und er blieb ihm auf den Fersen. So erreichten die beiden in kürzester Zeit die Spitze des Mastes. Ganz oben streckte sich der Affe in seiner ganzen Länge aus, hielt sich mit der Hinterpfote an einem Tau fest und hängte die Mütze ans Ende der letzten Rahe. Er selbst erklomm die Mastspitze, schnitt dort Grimassen, fletschte die Zähne und freute sich. Die Entfernung vom Mast bis zum Ende der Rahe, an der die Mütze hing, betrug etwa drei Meter, sodass man die Mütze nicht erreichen konnte, ohne den Mast und das Tau loszulassen.

Die Menschen an Deck hatten bisher zugeschaut und über den Affen und den Sohn des Kapitäns gelacht. Als sie aber sahen, dass der Knabe auch das Tau losließ und mit ausgebreiteten Armen auf die Rahe trat, erstarrten sie vor Schreck. Er brauchte nur einen Fehltritt zu tun, um abzustürzen und an Deck zerschmettert liegen zu bleiben. Aber selbst, wenn es ihm gelingen würde, bis zum Ende der Rahe zu kommen und die Mütze zu ergreifen, so würde es ihm schwerfallen, umzukehren und zum Mast zurückzugelangen.

Alle starrten stumm hinauf und warteten. Plötzlich stieß jemand einen Schreckensschrei aus. Der Knabe kam durch diesen Schrei zu sich, blickte hinunter und wankte. In diesem Augenblick trat der Kapitän aus der Kajüte. Er hatte ein Gewehr in der Hand, um Möwen zu schießen. Er sah seinen Sohn auf dem Mast, hob das Gewehr, zielte auf den Knaben und rief: „Ins Wasser! Spring sofort ins Wasser! Sonst erschieße ich dich!"

Der Knabe wankte, verstand ihn aber nicht. „Spring oder ich schieße! Eins ... zwei ..." – Als der Vater „drei" gerufen hatte, sprang der Knabe

[1] die Rah, *auch* die Rahe: Rundstange, die quer zur Fahrtrichtung am Mast eines Segelschiffes angebracht ist

von der Rahe kopfüber ins Wasser. Die Wellen waren noch nicht über ihm zusammengeschlagen, als auch schon zwanzig Matrosen ins Meer gesprungen waren. Etwa vierzig Sekunden später – sie erschienen allen unendlich – kam der Knabe zum Vorschein. Er wurde an Bord gezogen. Wenige Minuten später floss ihm das Wasser aus Mund und Nase, und er begann zu atmen.

Als der Kapitän das sah, schrie er plötzlich auf, als wenn ihn etwas würgte, und stürzte in seine Kajüte, damit niemand sehen sollte, dass er weinte.

**1** Der Affe macht sich einen Spaß daraus, den Jungen zu ärgern. Lies in den Zeilen 7–26 nach und markiere entsprechende Textstellen.

**2** Zu welcher gefahrvollen Aktion lässt sich der Junge provozieren? In welcher Zeile findest du diesen Hinweis?

**3** In Zeile 30–37 spitzt sich die Situation zu. Was genau macht der Junge jetzt? Warum ist diese Situation für ihn so gefährlich?

**4** Der Junge ärgert sich so sehr über den Affen, dass er sich der Gefahr, in der er schwebt, gar nicht bewusst ist.

- In welchem Augenblick kommt er erst zu sich?
- Lies in Zeile 38–43 nach und markiere die entsprechende Textstelle.

**5** Welche Erklärung hast du für die Reaktion des Kapitäns, als er seinen Sohn oben auf der Rahe erblickt?

**6** Zu guter Letzt wird der Junge gerettet. Und der Kapitän? Weshalb schreit der Kapitän auf und stürzt in seine Kabine, damit niemand sein Weinen sieht? Schreibe deine Meinung dazu auf.

## → Literarischen Texten Merkmale zuordnen

**1** Lies dir die beiden folgenden Texte zunächst einmal in Ruhe durch.

### A Bestrafte Habgier

*Phädrus*

Wer fremdem Gute nachjagt, büßt das eigene ein.
Ein Hund mit Fleisch im Maul durchschwamm
einst einen Fluss.
Da sieht im Wasserspiegel er sein Ebenbild und denkt:
„Ein andrer Hund trägt meine Beute fort.
Doch die entreiß ich ihm.“
Ihn blendet seine Gier. Er lässt sogleich das Stück,
das er im Maul hat, los. –
Und das, was seinen Appetit erregt, entschwand.

**Merkmale:**

*Geschichten mit wörtlicher Rede – Geschichten zu auffälligen Erscheinungen oder besonderen Bauwerken – Auftreten übernatürlicher Wesen mit besonderen Kräften – am Anfang oder Ende steht eine Lehre – manchmal wird von ungewöhnlichen Menschen, die wirklich gelebt haben, berichtet – Tiere reden, denken und handeln wie Menschen und haben menschliche Eigenschaften – häufig werden Zeitpunkt und Ort des Geschehens genannt – kurze Texte, in denen nichts Überflüssiges steht*

### B Der Teufel als Brückenbauer

Als die steinerne Brücke zwischen Sachsenhausen und Frankfurt gebaut werden sollte, hatte der Baumeister versprochen, das Werk in einer bestimmten Zeit zu vollenden. Als diese herannahte, sah er, dass es unmöglich war, und wie nur noch zwei Tage übrig waren, rief er in der Angst den Teufel an und bat um seinen Beistand. Der Teufel erschien und erbot sich, die Brücke in der letzten Nacht fertig zu bauen, wenn ihm der Baumeister dafür das erste lebendige Wesen, das darüberging, opfern wollte. Der Vertrag wurde geschlossen und der Teufel baute in der letzten Nacht, ohne dass ein Menschenauge in der Finsternis sehen konnte, wie es zuging, die Brücke ganz richtig fertig. Als nun der erste Morgen anbrach, kam der Baumeister und trieb einen Hahn über die Brücke vor sich her und überlieferte ihn dem Teufel. Dieser hatte aber eine menschliche Seele gewollt, und wie er sich also betrogen sah, packte er zornig den Hahn, zerriss ihn und warf ihn durch die Brücke. Davon entstanden zwei Löcher und es ging die Sage, dass sie nicht zugemauert werden könnten. Denn in der Nacht sei immer alles wieder zusammengefallen, was am Tage daran gearbeitet wurde.

**2** Entscheide nun, bei welchem Text es sich um eine **Fabel** oder eine **Sage** handelt. Ordne dann die Merkmale jeweils richtig zu.

**Text ☐ ist eine Sage:**

- ______________________________
- ______________________________
- ______________________________
- ______________________________

**Text ☐ ist eine Fabel:**

- ______________________________
- ______________________________
- ______________________________
- ______________________________

## → Teile einer Fabel in die richtige Reihenfolge bringen

**1** Die Teile der folgenden Fabel sind durcheinandergeraten.
Ordne sie, indem du sie in der richtigen Reihenfolge nummerierst.

# Der Fuchs und der Storch

*nach Äsop*

__1__ Der Fuchs lud einmal den Storch zu Gast. Aber er wollte den Storch zum Narren halten.

_____ Ein andermal lud nun der Storch den Fuchs zum Essen ein. Er servierte ihm köstliche Froschschenkel in einer Flasche.

_____ Diesmal fragte der Storch den Fuchs: „Warum isst du denn nichts?“ Da merkte der Fuchs, dass ihm sein Streich mit gleicher Münze heimgezahlt worden war.

_____ „Warum isst du denn nichts?“, fragte der Fuchs scheinheilig. Aber der Storch schwieg und ließ sich seinen Zorn nicht anmerken.

_____ So musste der Storch hungrig nach Hause gehen.

_____ Daher servierte er ihm in einer flachen Schale leckere Hühnerbrühe. Die konnte der Storch mit seinem spitzen Schnabel aber nicht fassen.

_____ Mit seinem langen Schnabel fischte er sich die Froschschenkel genüsslich heraus. Doch der Fuchs konnte nur an der Flasche lecken und kam an die Speise nicht heran.

**2** Welche zwei **Lehrsätze** passen zu dieser Fabel? Kreuze die beiden richtigen Lehren an.

a) Störche und Füchse sollten sich nicht zum Essen einladen. ☐
b) Wer einen Fuchs zum Essen einlädt, sollte nie Froschschenkel servieren. ☐
c) Man soll andere nicht zum Narren halten, sonst rächen sie sich in gleicher Weise. ☐
d) Gute Gastgeber überlegen nie, welche Speisen sie ihren Gästen vorsetzen. ☐
e) Wer anderen einen Streich spielt, bekommt es mit gleicher Münze heimgezahlt. ☐

## → Wörtliche Rede in einer Fabel ergänzen

Das ist die Fabel von den zwei Ziegen, die sich auf einem engen Steg begegnen. Die Fabel ist aber nicht ganz vollständig. Es fehlt die **wörtliche Rede**.

**1** Lies dir die Fabel zuerst ganz durch.
Überlege dir dann, was die Ziegen und der Hirte **sagen** könnten.

# Die beiden Ziegen

*nach Jean de La Fontaine*

Zwei Ziegen begegneten sich auf einem schmalen Steg, der über einen Bach führte. Die eine Ziege wollte hinüber, die andere Ziege wollte herüber. Aber keine wollte der anderen den Vortritt lassen.

„Geh mir aus dem Weg!“, forderte die Ziege, die hinüberwollte.

„Denn ich ______________________________________________

______________________________________________________

______________________________________________________.“

1) Welche Begründung könnte die erste Ziege geben?

Die andere Ziege aber dachte nicht daran, den Steg frei zu machen. Erbost entgegnete sie: „Was fällt dir ein, so mit mir zu sprechen!

Geh du mir aus dem Weg, denn ______________________________

______________________________________________

______________________________________________."

2) Wie könnte die zweite Ziege ihr Vorrecht begründen?

Da wurde die erste Ziege vom Zorn gepackt und drohte: „Wenn du mich

nicht vorbeilässt, dann ______________________________

______________________________________________."

3) Womit könnte die erste Ziege der anderen drohen?

Die zweite Ziege aber lachte nur höhnisch und rief: ______________

______________________________________________

______________________________________________

4) Was könnte die zweite Ziege höhnisch rufen?

Da keine der beiden Ziegen nachgeben wollte, senkten sie nun drohend die Hörner und rannten aufeinander los. Aber von dem heftigen Zusammenprall verloren beide das Gleichgewicht und stürzten ins Wasser. Da wären sie ertrunken, wenn der Hirte sie nicht aus dem Wasser gezogen hätte.

„Was seid ihr für Dummköpfe!", schimpfte der Hirte. „Wenn ihr

______________________________________________

______________________________________________

__________________________________________, dann wärt

ihr nicht ins Wasser gefallen und beinahe noch ertrunken!"

5) Was könnte der Hirte wohl sagen?

**2** Schreibe jetzt die wörtlichen Reden in die Lücken.
Denke dabei auch an die Zeichen der wörtlichen Rede („..."").

**3** **Formuliere eine passende Lehre für diese Fabel.**

______________________________________________

______________________________________________

## → Eine Fabel verkürzen

Fabeln sind meist kurze Texte, in denen nichts Überflüssiges steht.
In die folgende Fabel sind aber einige überflüssige Sätze hineingeraten.

**1** Lies die Fabel zuerst ganz durch. Streiche dann **beim zweiten Lesen** alle Sätze durch, die du für überflüssig hältst. Die Fabel ist dann nur noch ungefähr halb so lang.

# Die Heuschrecke und die Ameisen

*nach Babrios*

Die Ameisen trugen ihren Vorrat an Korn, welcher feucht geworden war, zum Trocknen an die Sonne. Das war eine ziemliche Schlepperei für die kleinen Ameisen, und sie stöhnten sehr unter der Last, die sie durch viele weitverzweigte Gänge aus ihrem Ameisenbau schleppen mussten.

Vom Duft des Getreides angelockt, kam eine Heuschrecke herzugesprungen und bettelte: „Ach, schenkt mir ein paar Körner, ich leide Not, und der Winter ist noch lang! Mein Gott, was habt ihr für eine Menge Körner! Da wart ihr aber ganz schön fleißig. Donnerwetter, sogar Weizenkörner habt ihr. Die hab ich am allerliebsten!“

Einen Augenblick lang hörten die Ameisen auf zu arbeiten. Sie musterten die Heuschrecke mit schiefen Blicken. „Was hast du denn den ganzen Sommer über getan?“, fragten sie. Mit solch einer Frage hatte die Heuschrecke jetzt aber überhaupt nicht gerechnet, und so musste sie zuerst einmal lange, lange überlegen.

„Ich musste so viel singen“, antwortete die Heuschrecke, „da hatte ich keine Zeit, Vorräte für den Winter zu sammeln.“ Verächtlich wandten sich die Ameisen wieder ihrer Arbeit zu. „Wenn du den Sommer singend verbrachtest“, sagten die Ameisen, „so kannst du nichts Besseres tun, als jetzt im Winter zu tanzen.“ Da wurde die Heuschrecke wütend, beschimpfte die Ameisen auf das Übelste und tobte wie eine Wahnsinnige. Aber es half alles nichts, denn die Ameisen rückten nichts von ihren Vorräten heraus.

**2** Lest eure gekürzten Fabeln vor und vergleicht sie miteinander.

**3** Eine Lehre zu einer Fabel kann man auf verschiedene Art und Weise formulieren. Kreuze an, welche Lehren zu dieser Fabel passen. **Achtung:** Eine Lehre ist falsch!

a) Spare beizeiten, dann hast du in der Not. ☐
b) Wer in schlechten Zeiten viel spart, der hat nichts in guten Zeiten. ☐
c) Wer in guten Zeiten nur seinem Vergnügen nachgeht, der darf sich nicht wundern, wenn er in schlechten Zeiten Not leidet. ☐
d) In guten Zeiten sollte man auch Vorsorge für Notzeiten treffen. ☐

## → Zu einer Bildergeschichte eine Fabel schreiben

**1** Schreibe eine Fabel zu dieser Bildergeschichte.
**Für deine Fabel kannst du den folgenden Textanfang verwenden:**

***Der Wolf und die Krähe***
*Der Wolf war hungrig, weil er seit vielen Tagen keine Beute gemacht hatte. Da sah er eine Krähe auf einem hohen Baum sitzen, die laut krächzte. Die wollte er überlisten und fressen. „Wie schön du …“*

**2** Formuliere abschließend auch eine **Lehre** für deine Fabel.

## → Argumente richtig aufbauen: Behauptung – Begründung – Beispiel

M

### Argumente richtig aufbauen

Bei einer Diskussion gibt es fast immer einen Pro- und einen Contra-Standpunkt. Um in einer Diskussion den eigenen Standpunkt richtig darstellen und durchsetzen zu können, benötigt man gute Argumente. Ein Argument besteht aus:
- **Behauptung:** Ich bin der Meinung, dass ...
- **Begründung:** Diesen Standpunkt vertrete ich, weil ...
- **Beispiel:** Meinen Standpunkt kann ich mit dem folgenden Beispiel belegen: ...

**1** Zu dem folgenden Diskussionsthema sollst du für den Pro- **oder** den Contra-Standpunkt ein Argument nach dem Muster **Behauptung – Begründung – Beispiel** ausformulieren:

**Sollte es an Schulen Getränkeautomaten mit stark gezuckerten Getränken (Cola, Limonade ...) geben?**

**1. Behauptung:**

______________________________

______________________________

______________________________

**2. Begründung:**

______________________________

______________________________

______________________________

______________________________

______________________________

______________________________

**3. Beispiel:**

______________________________

______________________________

______________________________

______________________________

______________________________

## → Argumente sammeln und ausformulieren

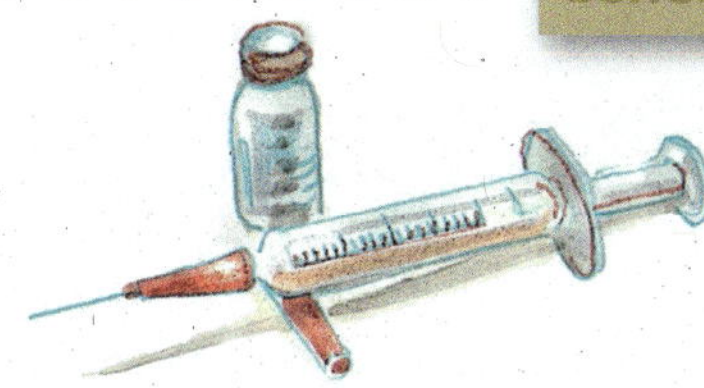

**1** Folgende Meldungen berichten über Fehlverhalten, das im Sport auftritt. Schreibe auf, wogegen alle Sportler in diesen Beispielen verstoßen haben.

______________________________________________

______________________________________________

______________________________________________

**A**

09.02.2012: Der Internationale Sportgerichtshof CAS hat Jan Ullrich wegen Dopings verurteilt. Sein dritter Platz bei der Tour de France 2005 wird gestrichen. Der frühere Radprofi darf jetzt offiziell als Dopingsünder bezeichnet werden.

**B**

05.03.2012 – HSV gegen VfB Stuttgart: Kurz nach der Halbzeit, beim Stand von 0:3, trat Guerrero dem Keeper an der Eckfahne gegen den linken Unterschenkel, Schiedsrichter Peter Sippel zeigte ihm daraufhin die Rote Karte. Der Kontrollausschuss wertete die Tat als grobe Tätlichkeit, die „mit unheimlicher Aggressivität und übergroßer Rücksichtslosigkeit“ ausgeführt worden ist.

**C**

11.02.2012: **Skibbes letztes Spiel 0:5! Hertha-Untergang – Ottl mit Brutalo-Foul**

*Für diese Aktion gab's Rot: Das brutale Foul von Andreas Ottl an Stuttgarts Tamas Hajnal*

**2** Sammle auf einem gesonderten Blatt Gründe für das unfaire Verhalten von Sportlern.
- Überlege, warum sie sich wohl so verhalten.
- Schreibe anschließend auf, warum man ein solches Verhalten nicht akzeptieren darf.

M

### Argument

Ein **Argument** besteht aus einer Behauptung (These), einer Begründung und einem Beispiel zur Veranschaulichung. Manchmal kann man auch eine Folge daraus ableiten. Mehrere Argumente nacheinander ergeben eine Argumentationskette. Eine komplette Argumentation enthält eine Einleitung und einen Schluss.

Wenn du das Problem des fairen Verhaltens richtig diskutieren willst, brauchst du eine ausführliche Argumentation dafür.

**3** Lies dir den folgenden Text durch und verschaffe dir einen Überblick darüber, wie diese Argumentation aufgebaut ist.

## Warum Fair Play im Sport unbedingt notwendig ist

Thema

Einleitung

Immer wieder kommt es vor, dass gegen Fair Play im Sport verstoßen wird und sich Kinder, Jugendliche und auch Erwachsene nicht fair verhalten – und das bei allen Sportarten. Aber unser Trainer im Fußballclub schärfte uns von Anfang an ein, dass für den Sport das Fair Play eine wichtige Grundlage ist. Warum Fair Play im Sport unerlässlich ist, möchte ich nun darlegen.

**Thema- bzw. Problemfrage**

Argument 1
**Behauptung/Begründung**
**Beispiel**
**Folgerung**

Fair Play im Sport muss sein, da es sonst nicht gerecht zugeht. Wenn man zum Beispiel monatelang für ein wichtiges Fußballspiel trainiert hat und dann während des Spiels vom Gegner so gefoult wird, dass man verletzt ausscheidet, war alles umsonst. Infolgedessen entsteht Frust, und die Lust am Sport geht verloren.

Argument 2
**Überleitung/Behauptung**
**Begründung**
**Beispiel**
**Folgerung**

Weiterhin ist faires Verhalten im Sport so wichtig, weil es im Sport um hart und ehrlich erkämpfte Leistungen geht und der Beste gewinnen soll. Für die Teilnahme an der Tour de France beispielsweise ist eine jahrelange Vorbereitung nötig. Die Radsportler bewältigen dafür Tausende von Kilometern bei jedem Wetter. Wenn jemand aber stattdessen mit Doping versucht, seine Leistungen zu verbessern, so wird er disqualifiziert und erhält eine Wettkampfsperre über lange Zeit.

Argument 3

______________________ wird man nur durch das Einhalten der bestehenden Regeln von der Mannschaft und der Öffentlichkeit respektiert und anerkannt, ______________________ fast jeder weiß, wie schwer Bestleistungen zu erreichen sind. ______________________ dafür ist Henry Maske, der auch als der Gentleman im Boxring bezeichnet wurde, ______________________ er sich stets absolut fair verhielt. Durch hartes Training, viel Disziplin und Talent wurde er mehrfacher Boxweltmeister und Sportler des Jahres. Solche echten Vorbilder bleiben unvergessen und werden auch von vielen Sponsoren unterstützt.

______________________

______________________

______________________

______________________

______________________

______________________

______________________

______________________

______________________

Nicht zu vergessen ist beim Sport ______________________, **Argument 4**

dass man sich nur über fair erreichte Siege richtig freuen kann,

__________ sich dann alle Anstrengungen gelohnt haben und

man wirklich der Beste ist.

Wenn man ______________________ jedoch durch

Bestechung des Schiedsrichters oder durch Doping gewonnen hat,

__________ bleibt immer das schlechte Gewissen und die Angst,

dass alles entdeckt wird.

Besonders hervorzuheben ist aber, dass durch das Einhalten von Fair Play **Argument 5**

______________________

______________________

______________________

______________________

______________________

Aus den angeführten Argumenten geht eindeutig hervor, dass **Schluss**

______________________

______________________

______________________

______________________

**4** Ergänze die **Argumente 3** und **4**. Verknüpfe mit Wörtern aus der Sammlung rechts einzelne Sätze logisch miteinander. Bestimme danach den Aufbau der Argumente am Rand.

***Überleitungen:*** *weiterhin, außerdem, aber auch*
***Begründungen:*** *da, weil, denn, deshalb*
***Beispiele:*** *zum Beispiel, beispielsweise, ein gutes Beispiel ist*
***Folgerung:*** *infolgedessen, so, dann, dadurch*

**5** Bilde aus diesen Stichwörtern das fehlende **Argument 5** und schreibe es auf.

*Einhalten von Fair Play → jeder Wettkampf, jedes Spiel überhaupt erst möglich*
*keine Regeln → jeder könnte machen, was er wollte*
*Linien bewusst nicht beachten → wenn es keine Strafen gäbe → Sport sinnlos*

**6** Formuliere jetzt den **Schlussteil** vollständig aus. Wähle dazu eine der folgenden Möglichkeiten:

*Zusammenfassung der Gesichtspunkte – Persönlicher Gedanke – Weiterführender Gedanke – Wunsch, Ausblick – Folgerung aus allen Argumenten*

# Ein Problem erörtern

In der Klasse 7b gibt es in der Pause heftige Diskussionen. Da der Speiseraum sehr klein ist und nicht allen Schülern Platz bietet, will die Schulkonferenz die Mittagspause auf eine Stunde verlängern. Dadurch könnten die Schüler in zwei Gruppen essen, die 5.–7. Klassen in der ersten halben Stunde, anschließend die Großen.

**1** Über welches Thema diskutieren die Kinder hier?

**Kurt:** Cool, endlich könnten wir in Ruhe Mittag essen und keiner würde am Tisch stehen, drängeln und auf den Platz warten.

**Milena:** Das ist ja schön für dich, aber dann geht auch der Unterricht länger.

**Nina:** Genau. Und mein Training beginnt schon um 14.30 Uhr, das würde ich dann gar nicht mehr schaffen.

**Stefano:** Und was ist mit meinem Bus? Ich muss dann 45 Minuten warten, bis der nächste fährt. Eh ich dann zu Hause bin! Da geht mir eine Menge Freizeit verloren.

**Kurt:** Du kannst doch die Wartezeit nutzen und im Aufenthaltsraum schon mit den Hausaufgaben anfangen! Ich finde die Idee jedenfalls gut. In einer Stunde Mittagspause kann man sich richtig erholen und hetzt nicht bloß zum Essen und zurück.

**Thema:** ______________________________

**2** Schreibe das Thema als Frage in die Mitte des folgenden Clusters.

**3** Halte weitere Gedanken, die dir zu diesem Thema einfallen, im Cluster fest.

**4** Verbinde die Pro- und Contra-Gedanken durch verschiedenfarbige Linien miteinander oder male sie mit der gleichen Farbe aus.

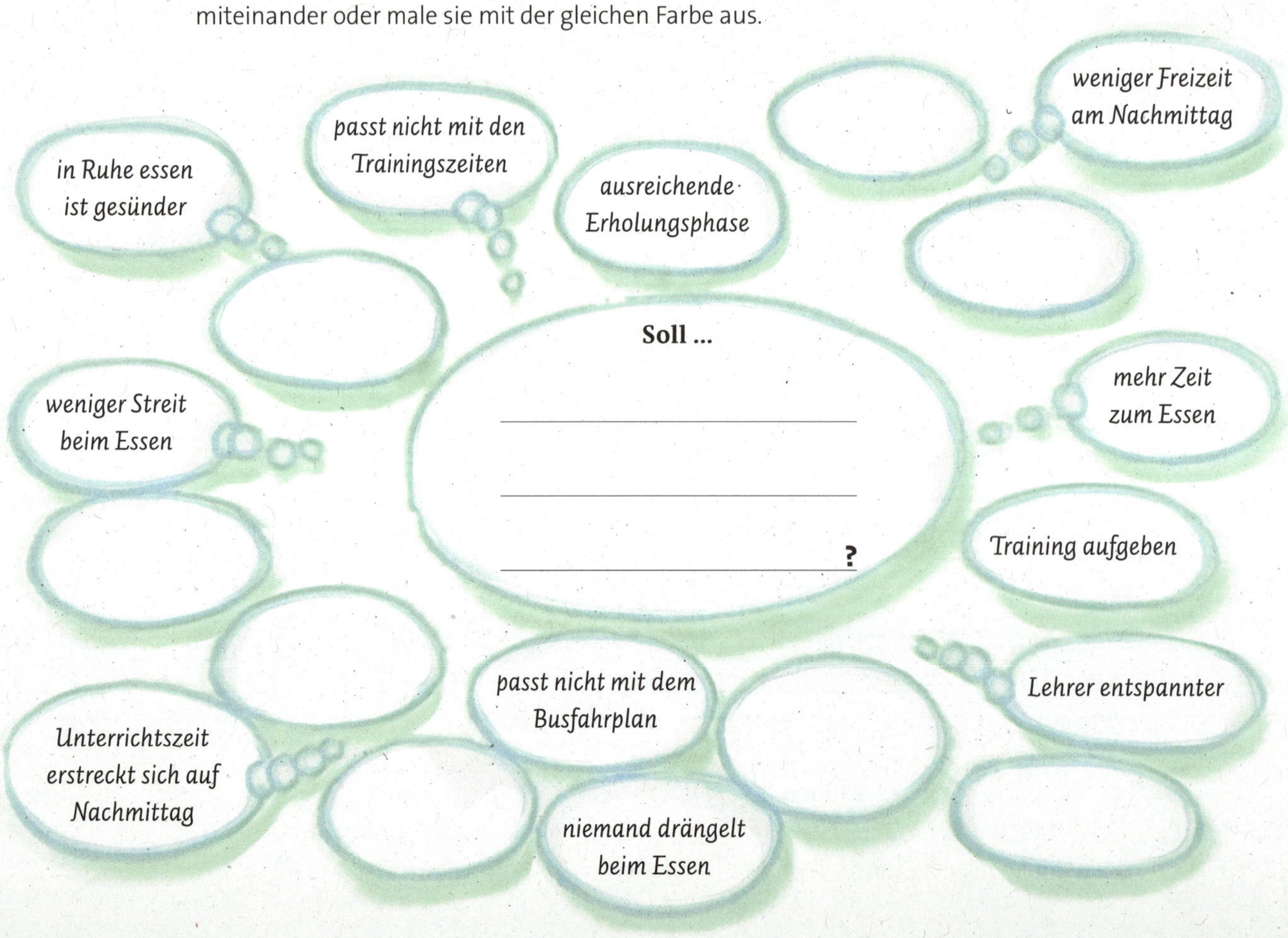

**5** Hier findest du ein vollständiges Pro-Argument.
Welcher Gedanke aus dem Cluster wurde im **Argument 1** bereits ausformuliert?

______________________________________________________________

**Pro-Argument 1**

**Behauptung** Wenn die Mittagspause auf eine Stunde verlängert wird, hätte man mehr Zeit zum Essen.
**Begründung** Denn bisher ist es so, dass in 30 Minuten alle Klassen zum Essen gehen. Dafür reichen die Sitzplätze im Speiseraum aber nicht aus.
**Beispiel** Kaum hat man sein Essen in Empfang genommen und sich auf den letzten freien Platz gesetzt, steht schon der nächste Schüler neben dem Tisch mit seinem Teller und wartet. Also beeilt man sich automatisch beim Essen, um den Platz frei zu machen.
**Folge** Wenn die Pause nun doppelt so lang wäre und die Klassen gestaffelt zum Essen gingen, könnte jeder in Ruhe sein Essen einnehmen.

**6** Welcher Gedanke aus dem Cluster steht im nächsten Argument?

______________________________________________________________

**Pro-Argument 2**

**Behauptung** Auch die Lehrer wären nach der längeren Pause besser erholt.
**Begründung** Denn auch sie hätten mehr Zeit zum Ausruhen und könnten ohne Stress noch etwas für die nachfolgenden Stunden vorbereiten, wie zum Beispiel
**Beispiel**

______________________________________________________________

______________________________________________________________

______________________________________________________________

**Folge** Dadurch könnte der Unterricht nach der Mittagspause auch mehr Spaß machen.

**7** Vervollständige nun das **Argument 2**.

**8** Das folgende Argument ist ein **Contra**-Argument.
Woran kannst du das erkennen?

**Contra-Argument 1**

**Behauptung** Durch die verlängerte Mittagspause verlängert sich aber auch der Schultag,
**Begründung** denn die Kinder kommen später nach Hause.
**Beispiel** Statt um 13.30 Uhr ist dann erst um 14.00 Uhr Unterrichtsschluss. Und wenn man noch die 7. und 8. Stunde Unterricht hat, endet der Schultag nicht vor 15.40 Uhr.
**Folge**

______________________________________________________________

______________________________________________________________

**9** Ergänze in diesem Argument die Folge.

**10** Vervollständige das folgende Contra-Argument.

Die Verlängerung der Mittagspause bringt für einige Schüler Probleme mit sich, weil sie es dann nicht mehr rechtzeitig zum Trainingsbeginn schaffen.

**Contra-Argument 2**

**Behauptung**
**Begründung**

**Beispiel**

**Folge**

**11** Formuliere nun ein weiteres Pro- und Contra-Argument mit Hilfe der Stichwörter. Du kannst auf einem gesonderten Blatt noch weitere Argumente aufschreiben.

| Pro | Contra |
|---|---|
| verlängerte Mittagspause → auch echte Erholungsphase → noch Zeit übrig zum Ausruhen und Wechsel der Fachunterrichtsräume, Arbeitsmittel aus dem Spind holen, mit Freunden verabreden → alles in Ruhe erledigen | Verlängerung des Unterrichtstages → Probleme, nach Hause zu kommen → viele Schüler auf öffentliche Verkehrsmitteln angewiesen → erreichen den Bus nicht mehr → lange Wartezeiten |
| **Pro-Argument 3** | **Contra-Argument 3** |

**12** Stelle nun alle Pro- und Contra-Gründe übersichtlich zusammen.

| Pro | Contra |
|---|---|
| *Mehr Zeit zum Essen* | |

**13** Auf welcher Seite stehst du? Entscheide dich jetzt, ob du **für** oder **gegen** eine Verlängerung der Mittagspause stimmen würdest.

______________________________________________

**14** Für eine überzeugende Argumentation musst du die Argumente in eine sinnvolle Reihenfolge bringen. Du kannst zuerst das Pro oder das Contra erörtern. Denke aber daran, dass das für dich wichtigste Argument zuletzt genannt wird. Nummeriere deine Argumente (siehe Aufgabe 12) so, dass sie deinen Standpunkt unterstützen.

**15** Eine vollständige Erörterung beginnt mit einer **Einleitung**. Du kannst mit einem persönlichen Erlebnis oder einem aktuellen Ereignis aus der Schule beginnen. Dabei führt man den Leser / Hörer zum Thema hin und benennt die Problemfrage. Bestimme den Aufbau der folgenden Einleitung und beschrifte sie am Rand.

**Zurzeit wird in unserer Schule in allen Klassen heftig diskutiert, ja, teilweise sogar gestritten. Das ist aber auch kein Wunder, denn es steht eine Entscheidung an, die alle Schüler und Lehrer betrifft und den zeitlichen Ablauf unseres Schulalltages verändert. Es geht darum, ob die Mittagspause um eine halbe Stunde verlängert werden soll oder nicht.**

**16** Schreibe nun einen **Schluss** zu diesem Thema. Mache deutlich, ob die Vor- oder Nachteile überwiegen und wie du letztendlich bei diesem Thema entscheiden würdest. Die Formulierungen rechts kannst du in deinem Schluss verwenden:

*Wenn ich jetzt gefragt würde, würde ich …*
*Aus diesem Grund entscheide ich mich …*
*Also, ich finde es wirklich gut, dass …*
*Ich finde den Vorschlag …*
*Meiner Meinung nach …*
*Ich denke, dass …*

______________________________________________

**17** Tauscht euch in der Klasse über eure Argumente und Standpunkte dazu aus.

## → Einem Sachtext gezielt Informationen entnehmen

**1** Der folgende Sachtext informiert dich über die Kindererziehung der Indianer.
Was wolltest du schon immer einmal über dieses Thema wissen? Formuliere eine Frage.

______________________________________________________________________?

**2** Überfliege nun den Text mit den Augen.

# Die Erziehung der Kinder

Indianerinnen waren liebevolle Mütter. Sie taten alles, um ihren Kindern den Weg in das harte Leben zu erleichtern. Aber auch der Vater, die Großeltern, selbst Onkel und Tanten halfen bei der Erziehung.

Die erste Zeit verbrachte das neugeborene Kind in der Tragwiege. Sie bestand aus einem bespannten Rahmen, an dem ein verschnürter Ledersack befestigt war. Die Tragwiege war dem Leben der Indianer genau angepasst. Sie konnte von der Mutter wie ein Rucksack auf dem Rücken getragen oder mit dem Tragriemen an einen Baum gehängt werden. Im Tipi oder Haus war die Trage zugleich das Kinderbettchen.

Schon bald nach seiner Geburt erhielt das Indianerbaby einen Namen. War es ein Junge, wurde er gern nach einer tapferen Tat benannt, die ein Verwandter vollbracht hatte. Dann hieß er vielleicht „Hat-einen-Gefangenen-gemacht“. Die Kraft, die diesem Namen innewohnt, sollte sich später auf das Kind übertragen. Aber auch nach einem Tier, einer Pflanze oder einem Naturereignis am Tage seiner Geburt konnte ein Baby benannt werden.

Viele Indianer wechselten ihre Namen mehrmals im Leben. Die neuen Namen sollten über den neuesten Stand ihrer persönlichen Fähigkeiten oder ihrer Tapferkeit Auskunft geben.

Indianische Kinder wurden hart erzogen. Dennoch verzichteten die Eltern vor allem bei den Plains- und Waldindianern gewöhnlich auf körperliche Strafen. Lieber versuchten sie, ungehorsame Kinder immer wieder zu belehren und zu ermahnen – aber auch einzuschüchtern. Manchmal, wenn ein Kind nachts schrie, wurde es mit einem „Buhmann“ so erschreckt, dass es schwieg. Das mag uns heute grausam erscheinen. Doch ein schreiendes Kind bedeutete eine große Gefahr – es konnte dem Feind das Lager verraten.

Jungen und Mädchen wurden schon früh auf ihre künftigen Aufgaben vorbereitet. Bereits mit drei oder vier Jahren erhielten die Jungen Pfeil und Bogen. Die Mädchen spielten mit Puppen aus Fellstücken, klei-

nen Tragwiegen und Spielzeugtipis. Den richtigen Gebrauch der eigenen Sprache brachte den Kindern gewöhnlich ihre Mutter bei. Bei vielen Stämmen lernten sie auch, die Zeichensprache zu benutzen.

Wurden die Mädchen größer, gingen sie bei ihrer Mutter oder bei einer Verwandten regelrecht in die „Lehre". Sie lernten alles, was es an Hausarbeiten gab. Oft waren die heranwachsenden Mädchen auch schon für ihre jüngeren Geschwister verantwortlich.

Mehr Freiheit genossen die Jungen. Sie lernten Reiten, Schwimmen, Bogenschießen oder wie man Spuren liest. Ihre Väter nahmen sie auch mit auf die Jagd und weihten sie in die Geheimnisse der Natur ein. Es war für ihr späteres Überleben entscheidend, dass sie sich abhärteten. Die Jungen mussten in eiskaltem Wasser baden, und sie lernten, Schmerzen zu ertragen. Auch übten sie, tagelang ohne Essen und Trinken auszukommen.

Bei vielen Gemeinschaften wurden die Jungen im Alter von 8 bis 13 Jahren vom ältesten Bruder der Mutter erzogen. Dann wurden sie feierlich in den Kreis der Männer aufgenommen. Zuvor mussten die jungen Indianer aber noch eine oder mehrere schmerzhafte Mutproben bestehen.

**3** Hast du eine Antwort auf deine Frage gefunden? Notiere sie kurz.

______________________________________________

______________________________________________

**4** Lies den Text noch einmal aufmerksam durch und formuliere für jeden Absatz eine Zwischenüberschrift.

a) ______________________________________________

b) ______________________________________________

c) ______________________________________________

d) ______________________________________________

e) ______________________________________________

f) ______________________________________________

g) ______________________________________________

h) ______________________________________________

i) ______________________________________________

**5** An welcher Stelle im Text erfährst du etwas über die Namensgebung der Indianer?

- Markiere den entsprechenden Absatz.
- Erkläre dann mit deinen Worten, wie neugeborene Indianer zu ihrem Namen kamen.

**6** Welche drei Vorteile bot den Indianern die Tragwiege?

a)

b)

c)

**7** Suche drei Unterschiede in der Erziehung von Indianerjungen und -mädchen. Schreibe hinter jeden Stichpunkt die entsprechende Zeile im Text.

| **Mädchen** | **Jungen** |
| --- | --- |
| | |
| | |
| | |

**8** Werden Mädchen und Jungen auch heute noch unterschiedlich erzogen? Notiere deine Ansicht in Stichwörtern.

**9** Stell dir vor, du wärst Mutter oder Vater und müsstest deine Kinder erziehen. Was würdest du anders machen als die Indianer und deine Eltern? Was genauso?

| **Das würde ich verändern** | **Das gefällt mir** |
| --- | --- |
| | |
| | |
| | |

**10** Vielleicht hast du noch immer Fragen zur Kindererziehung der Indianer. Sammle deine Fragen. Überlege dir anschließend, wo du nach Antworten recherchieren könntest. (Hinweis: Falls deine Frage aus Aufgabe 1 noch unbeantwortet ist, vergiss sie nicht bei deiner Recherche!)

## → Einen Sachtext selbstständig erschließen

**1** Indianer gibt es auch heute noch. Notiere stichwortartig, was du über ihr heutiges Leben weißt. Beachte dabei besonders den Titel des folgenden Sachtextes „Widerstand und Hoffnung".

_______________________________________________

_______________________________________________

_______________________________________________

**2** Lies den Text nun einmal „quer", überfliege ihn also mit den Augen, um einen ersten Eindruck zu gewinnen.

# Indianer heute: Widerstand und Hoffnung

*Rainer Crummenerl*

In den Elendsvierteln der amerikanischen Großstädte entstand 1968 eine bemerkenswerte indianische Organisation. Sie heißt „American Indian Movement" (AIM), das bedeutet „Bewegung der amerikanischen Indianer". Gegründet wurde sie von jungen, unzufriedenen Dakota und Ojibwa. Mit aufsehenerregenden Aktionen wollten sie die amerikanische Öffentlichkeit auf indianische Probleme aufmerksam machen.

1969 besetzten Stadtindianer und indianische Studenten die vor San Francisco liegende Gefängnisinsel Alcatraz. Die Behörden hatten beschlossen, das Zuchthaus aufzulösen und die Insel ihrem Schicksal zu überlassen. Da erinnerten sich die Indianer an einen Vertrag, der 1868 zwischen den Sioux und der Bundesregierung abgeschlossen worden war. Er sah vor, ungenutztes Land den Ureinwohnern zurückzugeben. Also besiedelten die Indianer Alcatraz von Neuem. Sie wollten die Insel zu einem kulturellen und sozialen Zentrum für alle Indianer umgestalten. Zunächst eröffneten sie einen Kindergarten und eine Schule – die erste rein indianische Schule Amerikas. Auch eine Radiostation entstand. Deren Sendungen machten die Idee der Besetzer von der „Wiedergeburt des indianischen Amerika" bundesweit bekannt. Fast zwei Jahre lebten die Rebellen auf der Felseninsel. Dann wurden sie vertrieben.

1972 begaben sich 1500 Indianer in Washington auf den „Pfad der gebrochenen Verträge". Weltbekannt wurde das AIM ein Jahr später, als 300 Siouxindianer Wounded Knee, den Ort des letzten Indianermassakers 1890, besetzten. Sie forderten, die 361 von der amerikanischen Regierung mit den Indianern geschlossenen Verträge zu überprüfen. Auch sollte untersucht werden, wie das „Amt für Indianerangelegenheiten" die Interessen der Indianer aufgreift und ernst nimmt. Erst nach 37 Tagen wurde die Besetzung beendet. Panzerwagen der Polizei hatten die Ortschaft umstellt. Es gab ein Todesopfer und mehrere Verletzte. Aber diese und die vorangegangenen Aktionen erreichten ihr Ziel. 1975 verabschiedete der amerikanische Kongress ein Gesetz über das Selbstbestimmungs- und Erziehungsrecht der Indianer,

drei Jahre später musste er ihnen die freie Religionsausübung gewähren. Fortan war den Indianern wieder der ungehinderte Zugang zu den heiligen Stätten ihrer Vorfahren garantiert.

Diese Erfolge lösten unter den Indianern eine Rückbesinnung auf die eigenen kulturellen Werte und Traditionen aus. Immer mehr Stämme begannen, die Skelette ihrer Ahnen zurückzufordern – etwa 600 000 lagerten in den Museen der USA –, und sie verlangten auch die Grabbeigaben und religiösen Gegenstände zurück, die ihnen von den Weißen geraubt wurden. Häufig genug wurden die Forderungen der Indianer zurückgewiesen. Aber gelegentlich war ihr Kampf gegen die Museen erfolgreich. So wurde 1990 in den USA ein Gesetz über die Rückgabe von Relikten und zum Schutz indianischer Gräber erlassen.

Auch in Kanada erwachte das Selbstbewusstsein der Indianer wieder. Als 1990 bekannt wurde, dass der Golfplatz der Stadt Oka auf dem geweihten Boden der Mohawk erweitert werden sollte, besetzten die Indianer diesen Hain. Ihr Widerstand hielt wochenlang an. Er gipfelte in der Besetzung einer wichtigen Brücke. Erst als mit Panzern und schwerem Geschütz die Armee anrückte, gaben die Mohawk auf. Durch die Verhandlungen mit den Politikern hatten sie aber erreicht, dass niemals ein Golfplatz ihren heiligen Boden entweihen würde. Seit diesem – leider gewaltsamen – Erfolg meldeten selbstbewusste Indianer überall im Land ihre Ansprüche an.

Auch die Inuit im hohen Norden Kanadas setzten sich erfolgreich für ihre Rechte ein, sodass sie 1999 ein eigenes Territorium erhielten: Nunavut, das heißt „unser Land“. Mit ungefähr zwei Millionen Quadratkilometern ist es größer als jede kanadische Provinz. In diesem riesigen Gebiet verwalten sich die Inuit seitdem selbst, und hier, auf knapp einem Fünftel der Fläche Kanadas, gelten seit 1999 auch die angestammten Jagd- und Fischereirechte der Inuit.

Doch die Gründung dieses Landes wurde in Kanada nicht von allen Indianern begrüßt. Einige Stämme betrachteten Nunavut sogar als einen für die Ureinwohner schlechten Kompromiss. Sie fürchteten, dass dadurch ihre eigene jeweilige Verhandlungsposition gegenüber der kanadischen Regierung geschwächt werden könnte. Denn eigenes Land, nicht irgendwo, sondern in ihrem angestammten Gebiet, Selbstverwaltung und eigene Gesetze – das wollten viele Stämme.

Es ist unübersehbar: Die Welt der Indianer, die jahrzehntelang von Armut, Sucht und Apathie bestimmt war, ist seitdem in Bewegung geraten. Die Ureinwohner Amerikas wehren sich seit dieser Zeit gegen Benachteiligung, sie suchen wieder nach ihren Wurzeln und pflegen die traditionellen Feste. Und doch bleibt ihr politisches und kulturelles Überleben alles andere als einfach. Denn die Indianer sind oft in kleine, zu kleine Gruppen zersplittert. Sie sind eine Minderheit, aber vereint sind sie (noch) nicht.

**3** Fasse in einem Satz zusammen, wovon der Text handelt.
Nenne dabei Textsorte, Autor und Titel.

______________________________________________________________

______________________________________________________________

______________________________________________________________

**4** Lies den Text nun ein zweites Mal. Markiere Wörter und Textstellen, die du nicht verstehst.

**5** Versuche, schwierige Begriffe oder Textstellen aus dem Zusammenhang zu klären.
Hierzu kannst du einzelne Absätze ein weiteres Mal konzentriert lesen
und auch ein Wörterbuch hinzuziehen.

**6** Diesem Sachtext wurde der Titel „Widerstand und Hoffnung“ gegeben.
Wie könnte man diese Überschrift begründen? Argumentiere mit Hilfe des Textes.

______________________________________________________________

______________________________________________________________

______________________________________________________________

______________________________________________________________

**7** Die Zwischenüberschriften für die acht Absätze sind durcheinandergeraten.
Bringe sie wieder in die richtige Reihenfolge und schreibe sie in die entsprechenden Zeilen unten.
Wo beginnen und enden die Abschnitte? Trage zu jedem Abschnitt auch die Zeilen im Text ein.
Achtung: Es haben sich zwei falsche Überschriften eingeschlichen. Streiche diese durch.

*Befürchtungen der Indianer* — *Gesetzesbeschlüsse nach Protesten* — *Problem der Indianerbewegung*

*Eigenes Land: Nunavut* — *American Indian Movement* — *Kampf gegen Museen*

*Besetzung von Alcatraz* — *Leben in der Reservation*

*Bürger zweiter Klasse* — *Kanada: Bedrohung durch den Golfplatz*

Absatz 1, Zeile ____ bis ____: ________________________________________

Absatz 2, Zeile ____ bis ____: ________________________________________

Absatz 3, Zeile ____ bis ____: ________________________________________

Absatz 4, Zeile ____ bis ____: ________________________________________

Absatz 5, Zeile ____ bis ____: ________________________________________

Absatz 6, Zeile ____ bis ____: ________________________________________

Absatz 7, Zeile ____ bis ____: ________________________________________

Absatz 8, Zeile ____ bis ____: ________________________________________

**8** Hier kannst du zeigen, dass du den Text verstanden hast, indem du jeweils das richtige Kästchen ankreuzt.

a) Das AIM wurde genau 100 Jahre nach ... gegründet.
- ☐ ... der Verabschiedung des Gesetzes über das Selbstbestimmungsrecht ...
- ☐ ... dem Abschluss des Vertrages, der eine Rückgabe ungenutzten Landes an die Ureinwohner vorsieht, ...
- ☐ ... der Auflösung des Gefängnisses auf Alcatraz ...

b) Was fürchteten einige Indianer hinsichtlich Nunavut?
- ☐ weniger Mitspracherecht bei Verhandlungen mit der Regierung
- ☐ eine Änderung der Jagd- und Fischereirechte
- ☐ die Risiken der Selbstverwaltung

c) Welche Aussage ist falsch?
- ☐ Nach einem Vertrag von 1868 sollten die Sioux ungenutztes Land zurückbekommen.
- ☐ Ab 1978 durften die Indianer frei ihre Religion leben.
- ☐ Nunavut ist so groß wie die größte Provinz Kanadas.

d) Wodurch wurde das AIM auf der ganzen Welt bekannt?
- ☐ durch die Besetzung von Wounded Knee
- ☐ durch den Protest gegen einen Golfplatz
- ☐ durch die Besetzung von Alcatraz

**9** Der Sachtext stammt aus dem Jahr 1996.
Wie hat sich die Situation der Indianer in den letzten Jahren bis heute verändert?
Unter welchen Bedingungen leben sie aktuell?
Müssen sie immer noch für ihre Rechte kämpfen?
Suche im Internet nach Informationen.

Hier findest du hilfreiche Internetadressen zum Leben der Indianer heute:
www.indianerwww.de/indian/heute.htm
www.planet-wissen.de/politik_geschichte/voelker/nordamerikanische_indianer/index.jsp
www.wasistwas.de/geschichte/eure-fragen/indianer

**10** Bereite die Ergebnisse deiner Recherche so auf, dass du sie der Klasse in einem Kurzvortrag präsentieren kannst.
Überlege dir zuerst einmal eine **Einleitung**, in der du zu deinem Informationsteil hinführst.

______________________________

______________________________

______________________________

______________________________

______________________________

**11** Nun kannst du die Informationen, die du gefunden hast, sinnvoll strukturieren. Es hilft dir, wenn du Fragen formulierst, die du danach stichwortartig beantwortest. Folge diesem Beispiel und setze die Gliederung mit deinen eigenen Fragen und Antworten fort.

- Wer gilt offiziell als Indianer?

  *mind. 50 % Abstammung von offiziell anerkanntem Stamm, …*

- Wie viele Indianer und Indianerstämme gibt es heute in den USA?

  *ca. 4 Millionen Indianer (1,5 % der Gesamtbevölkerung) im Jahr 2000, …*

**12** Was möchtest du deinen Zuhörern am Ende des Vortrags noch mitteilen? Was ist dir besonders aufgefallen und was findest du wichtig? Notiere einige Stichwörter.

**13** Bereite Redekarten vor, die dir während des Vortrags helfen können. Schaue dazu noch einmal im Schülerband auf die Seiten 76–77.

**14** Hast du an alles gedacht? Überprüfe es noch einmal anhand der Checkliste und hake ab:

**CHECKLISTE:**

Ich habe …

- ✓ … eine Einleitung verfasst.
- ✓ … Themen für meinen Informationsteil ausgesucht und diese gegliedert.
- ✓ … mir eine Schlussbemerkung überlegt und in Stichpunkten aufgeschrieben.
- ✓ … Redekarten vorbereitet (Stichpunkte und Nummerierung).
- ✓ … meinen Vortrag geübt und (zu Hause) jemandem zur Probe vorgestellt.
- ✓ … meinen Vortrag mit passenden Fotos anschaulich gemacht.

## → Von einem Erlebnis berichten

**1** Lies dir den Zeitungsartikel in Ruhe durch.

______________________________

**Fukushima.** Am Freitag, 11. März 2011, zerstörten ein Erdbeben und anschließende Tsunamis im östlichen Japan weite Teile des Landes und forderten ca. 16 000 Menschenleben.

Das Tōhoku-Erdbeben, das mit einer Stärke von 9,0 $M_W$[1] als das gewaltigste je in Japan gemessene Erdbeben gilt, war nicht nur verantwortlich für eine Kernschmelze im Kernkraftwerk Fukushima, sondern löste auch mehrere Tsunamis aus.

Vor diesen bis zu 23 Meter hohen Wellen flohen die Menschen ins Landesinnere, vor allem in höher gelegene Orte.

So konnte sich auch die 12-jährige Karen Sato mit ihrer Familie retten: Mitten im schulischen Musikunterricht begann die Erde zu beben. Die Schüler suchten Schutz unter ihren Tischen und harrten dort mehrere Minuten aus. Mit ihrer Lehrerin liefen sie nach dem überstandenen Erdbeben auf den Schulhof.

Karens Familie kam, wie viele andere Menschen, ebenfalls zur Schule, da diese der höchste Punkt der Stadt war und sie so vor dem Ertrinken rettete.

Nach einer Nacht in der Notunterkunft und nach dem Zurückgehen des Wassers konnte Karens Familie in ihr Haus zurückkehren. Lediglich das Dach war zerstört worden.

Viele andere Häuser waren zusammengestürzt oder weggeschwemmt worden. Durch weitere Tsunamis wurden allein in Karens Klasse drei Kinder getötet.

[1] Momenten-Magnituden-Skala zur Messung der Stärke von Erdbeben; höchstmöglicher Wert: 10,6 $M_W$

**2** Fasse in einem Satz zusammen, worüber der Text berichtet.

______________________________

______________________________

______________________________

**3** Finde eine geeignete Überschrift für den Zeitungsbericht und schreibe sie auf die Linie oben.

**4** In diesem Bericht finden sich Antworten auf die üblichen **W-Fragen**.
Unterstreiche die entsprechenden Textstellen nach folgendem Muster farbig:

**Was** ist geschehen? → ROT
**Wo** ist es passiert? → GRÜN
**Wie** ist es abgelaufen? → ORANGE
**Wann** ist es geschehen? → BLAU
**Wer** war betroffen? → GELB
**Welche Folgen** hatte das Ereignis? → SCHWARZ

**5** Auch das Mädchen aus dem Zeitungsartikel berichtet nun von seinem furchtbaren Erlebnis. Allerdings fehlen einige Angaben. Ergänze den folgenden Erlebnisbericht mit den Informationen, die du bereits aus dem Zeitungsbericht kennst.

Mein Name ist __________ Sato, ich bin __________ Jahre alt und lebe in Japan, in der Gegend, die erst von einem __________, dann von Tsunamis verwüstet wurde und in der nun ein leckgeschlagenes Atomkraftwerk steht.

Bis zum __________ 2011 führte ich ein ganz normales Leben. Das ist jetzt anders. Leider! Ich war gerade in der __________, wir hatten Musikunterricht, und plötzlich begann die __________ zu beben. In __________ sind Erdbeben keine Seltenheit, deshalb üben wir im Unterricht, wie wir uns zu verhalten haben. Wir sollen unter __________ kriechen, damit uns Decken- oder Mauerteile nicht verletzen können. So haben wir es auch am 11. März gemacht, und zum Glück wurde auch kein Kind aus meiner Klasse verletzt.

Trotzdem hatten wir alle große Angst! Es kam mir so vor, als ob das Beben __________ dauern würde, auch wenn es nur wenige Minuten waren. Als es endlich vorbei war, liefen wir zusammen mit unserer __________ ins Freie.

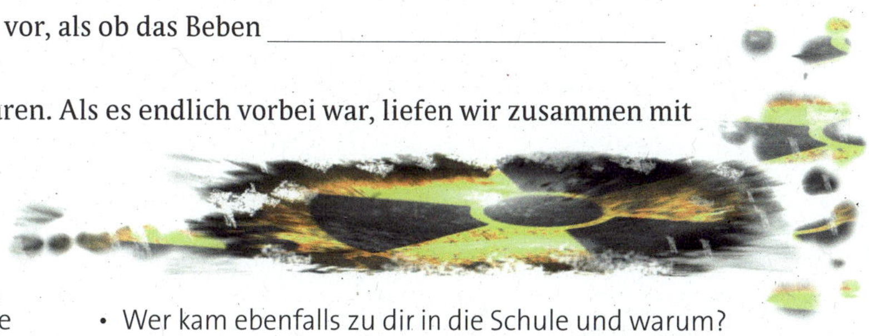

**6** Hier endet Karens Bericht. Versetze dich in ihre Lage und schreibe ihn zu Ende. Du kannst dich an den letzten beiden Absätzen des Zeitungsberichts orientieren und z. B. folgende Fragen beantworten:

- Wer kam ebenfalls zu dir in die Schule und warum?
- Wie und wo hast du die Nacht nach dem Erdbeben verbracht?
- ...

**7** Karen hatte Glück im Unglück. Sie hat die Naturkatastrophe überlebt und ihre Familie nicht verloren. Dennoch hat sie viel Leid erfahren und kann heute nicht mehr das Leben führen, das sie bis dahin gehabt hatte. Schreibe Karen auf einem separaten Blatt einen Brief, in dem du ihr deine Gefühle mitteilst, Fragen stellst und versuchst, sie zu ermutigen.

# → Einen Zeitungsbericht schreiben

**1** Hier siehst du einen Tagebucheintrag von Jan S. (7. Klasse). Lies ihn dir in Ruhe durch.

1. Juli

Ich hätte nie gedacht, dass ich jemals Tagebuch schreiben würde, aber diesen besonderen Tag heute will ich mein Leben lang nicht vergessen. Und wenn ich später mal Kinder habe, werde ich ihnen dies hier stolz zeigen.

Wo soll ich nur beginnen? Ich bin immer noch ganz aufgekratzt!

Vor zwei Wochen war ja plötzlich dieser Brief im Briefkasten. Vom DFB! Das Gewinnspiel aus der Zeitung hatte ich schon ganz vergessen ... Doch nun sollte ich wirklich zum WM-Qualifikationsspiel von Deutschland gegen Frankreich fahren. Ich hatte den Hauptgewinn erwischt. Und das nur, weil ich das einfache Rätsel (Zumindest für mich als Fußballkenner ganz leicht!) richtig gelöst hatte.

Jedenfalls habe ich zwei Karten bekommen, um das Spiel zu sehen – und noch viel besser: Ich durfte unsere Nationalmannschaft und den Trainer (!!!) kennen lernen. Das war dann heute!

Dass ich Papa mitgenommen habe, war ja klar. Schließlich durfte ich ihn auch schon zu vielen Spielen am Wochenende begleiten.

Papa und ich, wir sind also heute Morgen ganz früh losgefahren und waren mittags in Berlin. Die Zugfahrt ging gar nicht schnell genug rum. Mann, war ich aufgeregt! Wenn ich jetzt noch einmal daran denke, wie wir endlich am Stadion ankamen, fangen meine Beine wieder an zu zittern!

Papa und ich kommen also an, wir werden vom Manager (!) der Mannschaft empfangen und direkt in die Kabine geführt. (Dazu haben wir spezielle Ausweise bekommen, die wir an unseren T-Shirts befestigen mussten.) Jedenfalls sehe ich schon auf den ersten Blick Klose, Özil und sogar Jogi Löw – wow, der Trainer in live! Ich bin so überrascht, dass die ja alle wie im Fernsehen aussehen und trotzdem ganz normale Menschen sind. Klose kommt dann sogar zu mir und gibt mir die Hand. Papa knipst sich die Finger wund, um später gute Erinnerungsbilder zu haben.

Ach ja, ein Fotograf unserer Zeitung war auch noch da, denn dem Gewinnspiel der Zeitung verdanke ich ja das Treffen. Der Manager hat mich danach noch durch den ganzen Kabinenbereich geführt. Ich durfte viele Fragen stellen und sogar kurz meinen Fuß ins Ermüdungsbecken halten. Der Höhepunkt war, als ich mir (Zum Glück gehe ich regelmäßig ins Training!) mit Klose und Poldi den Ball zukicken durfte. Das werde ich nie vergessen! Und Poldi meinte sogar, ich hätte Talent!

Danach mussten Papa und ich gehen (Ich habe mir noch schnell Autogramme geben lassen.), denn die Mannschaft hatte ja heute Abend ihr wichtiges Spiel. Nun sind die Deutschen qualifiziert für die WM – vielleicht habe ich ihnen ja Glück gebracht?!

Auf jeden Fall war es für mich der glücklichste und aufregendste Tag meines Lebens! Und dass ich mich nun im Training noch mehr anstrengen werde, ist doch klar! Wer weiß, ob ich nicht eines Tages noch als Fußballprofi entdeckt werde ...

**2** Welche Aussagen passen zum Text? Kreuze die richtigen Aussagen an:

- ☐ Jan berichtet objektiv von einem Ereignis.
- ☐ Bei diesem Tagebucheintrag handelt es sich um einen Zeitungsbericht.
- ☐ Der Bericht ist in verschiedenen Zeitformen geschrieben, z. B. im Präsens und Präteritum.
- ☐ Der Text steht in der Er-Form.
- ☐ Bei diesem Tagebucheintrag handelt es sich um einen Erlebnisbericht.
- ☐ Der Text steht in der Ich-Form.
- ☐ Der Bericht enthält nur Zeitformen der Vergangenheit.
- ☐ Jan berichtet subjektiv, er beschreibt also auch seine Gefühle.

**3** Welche Stellen im Text zeigen dir Jans Begeisterung?
Markiere sie farblich und schreibe die Zeilennummern hier auf.
(Achte auch auf die Satzzeichen.)

______________________________

______________________________

**4** Mitten in seinem Tagebuchbericht (Z. 27–33) wechselt Jan plötzlich ins Präsens. Sieh dir die entsprechenden Sätze noch einmal genau an und nenne den Grund für diese Änderung der Zeitform.

______________________________

______________________________

______________________________

______________________________

**5** Die Tageszeitung, der Jan seinen spannenden Tag verdankt, möchte natürlich über die Einlösung des Hauptgewinns berichten. Deshalb soll der Fotograf, von dem in Jans Tagebucheintrag die Rede ist, in Stichwörtern für seinen Redakteurskollegen zusammenfassen, wie sich das Treffen ereignet hat.

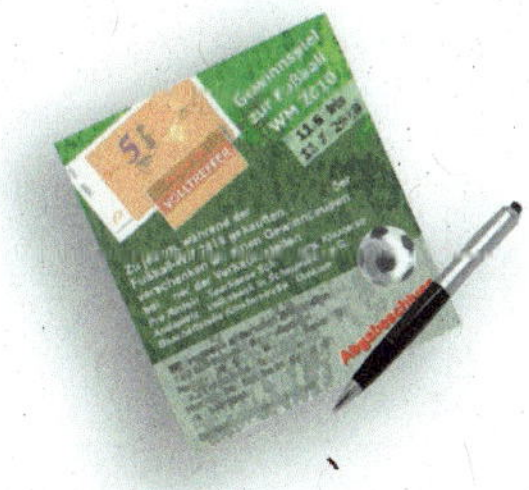

**Was** ist passiert? *Jan S. gewinnt den Hauptpreis des Zeitungsrätsels: 2 Karten für das Fußball-WM-Qualifikationsspiel Deutschland gegen Frankreich*

**Wer** war daran beteiligt? ______________________________

**Wo** fand das Ereignis statt? ______________________________

**Wann** ist das Ereignis geschehen? ______________________________

**Wie** ist es genau passiert? ______________________________

______________________________

______________________________

**Welche** Folgen hatte das Ereignis für Jan? ______________________________

______________________________

**6** Stell dir vor, du bist der Redakteur der Zeitung, der über Jans Hauptgewinn berichten soll. Sieh dir die Stichwörter des Fotografen an und formuliere einen kurzen Zeitungsbericht.

**7** Überprüfe deinen Zeitungsbericht mit Hilfe der folgenden Checkliste.

**CHECKLISTE:**

Ich habe ...

- ✓ ... den Zeitungsbericht in der Er-Form geschrieben.
- ✓ ... alle Stichwörter beachtet.
- ✓ ... objektiv berichtet, das heißt Jans Gefühle und Gedanken weggelassen.
- ✓ ... den Text nur in den Zeitformen der Vergangenheit geschrieben.
- ✓ ... auf die korrekte Rechtschreibung und Zeichensetzung geachtet.

**8** Finde im Internet heraus, wie der aktuelle Trainer der deutschen Nationalmannschaft heißt.

- Wo findet die nächste Europameisterschaft und wo die nächste Weltmeisterschaft statt?
- Wann steht das nächste Länderspiel an? Gegen welche Mannschaft?

Der aktuelle Trainer heißt ____________________.

Die nächste EM findet in ____________________ statt.

Die nächste WM findet in ____________________ statt.

Im nächsten Länderspiel am __________ spielt Deutschland gegen __________.

## → Eine Werbeanzeige untersuchen

**1** Markiere mit einem Textmarker in der Anzeige die Bausteine dieser Werbeanzeige. Notiere dann neben jeden markierten Baustein, um welchen Baustein es sich handelt.

*Eye-Catcher* *Haupt-Slogan* *Firmen-Logo* *Infotext* *Nennung des Produkts* *Aufforderung*

**2** Schreibe in zwei oder drei Sätzen auf, was du beim ersten Blick auf das Werbebild gedacht und empfunden hast.

*Beim ersten Blick habe ich gedacht ...* ______________________________

______________________________

______________________________

______________________________

______________________________

**3** Wozu fordert die Werbeanzeige den Betrachter auf? Notiere, was der Betrachter tun soll.

______________________________________________

______________________________________________

______________________________________________

**4** Welche dieser Aussagen über die Werbeanzeige sind richtig? Welche sind falsch?

| | richtig | falsch |
|---|---|---|
| 1. Das Produkt wird abgebildet. | ☐ | ☐ |
| 2. Diese Anzeige richtet sich an die Zielgruppe der Erwachsenen. | ☐ | ☐ |
| 3. Der Slogan enthält eine Redewendung. | ☐ | ☐ |
| 4. Der Slogan ist provozierend. | ☐ | ☐ |
| 5. Das Werbebild ist eine Fotomontage. In Wirklichkeit wäre die abgebildete Szene überhaupt nicht möglich. | ☐ | ☐ |
| 6. Die Werbeanzeige spricht das Sicherheitsbedürfnis des Betrachters an. | ☐ | ☐ |
| 7. Das Produkt wird in der Anzeige nur im Slogan und im Infotext genannt. | ☐ | ☐ |
| 8. Das Werbebild ist nicht farbig, sondern schwarz-weiß. So fallen dem Betrachter der Slogan und das Firmen-Logo im roten Kasten besonders auf. | ☐ | ☐ |
| 9. Der Eye-Catcher dieser Anzeige ist der Junge vor dem Aquarium. | ☐ | ☐ |
| 10. Der Weiße Hai im Werbebild soll dem Betrachter zeigen, dass er sich vor Gefahren schützen muss. Zum Schutz soll der Betrachter Versicherungen abschließen. | ☐ | ☐ |

**5** Schau dir die Anzeige auf Seite 27 noch einmal an. Schreibe dann mit Hilfe der folgenden Formulierungshilfen einen Text über die **Werbeanzeige mit dem Weißem Hai**.

| | |
|---|---|
| **Eye-Catcher** | · Diese Werbeanzeige habe ich in ... entdeckt.<br>· Meiner Meinung nach richtet sich die Anzeige an ...<br>· Sofort beim ersten Hinsehen ist mir der Eye-Catcher aufgefallen. Es ist ein ... |
| **Werbebild** | · Vor dem Aquarium ...<br>· Der Weiße Hai wirkt auf mich ...<br>· Der Junge vor dem Aquarium scheint keine ... zu haben.<br>· Er steht jedenfalls ganz ... an der Scheibe.<br>· Bei den Farben ist mir aufgefallen, dass ... Das finde ich ungewöhnlich.<br>· Als einzige Farbe gibt es die Farbe ... |
| **Firmen-Logo** | · Der große Kasten unter dem Werbebild ist zum Beispiel rot. Da alles andere schwarz-weiß ist, sticht einem das intensive Rot sofort ins Auge.<br>· In dem großen roten Kasten stehen ... und ... |
| **Slogan** | · Der Slogan lautet: ...<br>· Dieser Slogan enthält eine Redensart, und zwar ...<br>· Außerdem nennt der Slogan das Produkt. Es wird nämlich hier für ... geworben.<br>· Ich glaube, die Werbeleute wollen mit dem Weißen Hai und dem Slogan sagen, dass ... |
| **Aufforderung** | · Die Anzeige hat aber noch einen kleinen roten Kasten. Darin steht eine ...<br>· Der Leser soll nämlich ...<br>· Wahrscheinlich soll er nach der Beratung eine ... abschließen. |
| **Infotext** | · Im unteren Teil der Anzeige steht ein kurzer Infotext. Der weist darauf hin, dass ...<br>· An dieser Werbeanzeige gefällt mir ...<br>· Aber ich habe auch etwas zu kritisieren. Mir gefällt nämlich nicht, dass ... |

## → Zu einem Werbebild eine Anzeige gestalten

**1** Was für eine ungewöhnliche Anzeige!
Schau sie dir in Ruhe an und gehe auf Entdeckungsreise ...

**2** Mit welchem außergewöhnlichen Eye-Catcher zieht diese Werbeanzeige die Aufmerksamkeit des Betrachters auf sich? Begründe deine Ansicht.

______________________________

______________________________

______________________________

______________________________

**3** Notiere die zentralen Bausteine zum Aufbau und zur Gestaltung dieser Werbeanzeige.

***Eye-Catcher*** ______________________________

***Firmen-Logo*** ______________________________

***Haupt-Slogan*** ______________________________

***Neben-Slogan*** ______________________________

***Wecken von Interesse in die Zukunft hinein*** ______________________________

______________________________

**4** Vervollständige nun diese Werbeanzeige:

- Denke dir zunächst ein Produkt aus, für das mit dieser Anzeige geworben werden könnte.
- Gib dem Produkt einen Namen.
- Über welche besonderen Qualitäten deines Produktes möchtest du in einem kurzen Text informieren?
- Welchen besonderen Anreiz möchtest du platzieren, der den Betrachter zum Kauf anregen soll?

***Produkt:*** ______________________________

***Produktname:*** ______________________________

***Infotext:*** ______________________________

______________________________

______________________________

______________________________

______________________________

***Kaufanreiz:*** ______________________________

______________________________

**5** Stell dir einmal vor, die Freiheitsstatue würde für Großstadt-Reiseführer (Berlin, Rom, Barcelona ...) Werbung machen. Sie hat keine Lust mehr, immer nur in New York auf ihrem Sockel zu stehen, sondern will auch einmal andere Städte kennen lernen.

- Formuliere zu einer Werbeanzeige für Großstadt-Reiseführer zwei oder drei Slogans.
- Informiere dich über die verschiedenen Arten von Slogans im Merkkasten unten.

**6** **Denke dir für deine Werbeanzeige auch einen kurzen Infotext aus.**

## Slogan – Slogans

M

Slogans sind kurze, einprägsame Werbesprüche, die man sich gut und schnell merken kann. Es gibt verschiedene Arten von Slogans, zum Beispiel:

1. Slogans mit einem Befehl (Imperativ): Glänzen Sie mit Ihrem Hairstyling!
2. Frage-/Antwort-Slogans: Husten? Dafür gibt's doch Ratiopharm.
3. Ich-/Mein-Slogans: Ich will so bleiben, wie ich bin.
4. Du-/Dein-Slogans: Du bist Deutschland.
5. Wir-/Unser-Slogans: Wir geben Ihrer Zukunft ein Zuhause.
6. Endreim-Slogans: Haribo macht Kinder froh und Erwachsene ebenso.
7. Stabreim-Slogans: Actimel aktiviert Abwehrkräfte.
8. Slogans, die an Redewendungen anknüpfen:
   Gut, wenn man auf der sicheren Seite ist. – Die Versicherungen der Sparkasse.
9. Fremdsprachliche Slogans: Connecting people.
10. Slogans mit Begründungen: Weil ich es mir wert bin.
11. Zwei-Wort-Slogans: Abenteuer pur.
12. Gegensatz-Slogans: Außen klein – innen groß!
13. Drei-Wort-Slogans: Groß. Dunkel. Stark.
14. Slogans, die provozieren: Geiz ist geil!

## Zwei Arten von h

M

### Die Schreibung von Wörtern mit dem silbentrennenden h und mit Dehnungs-h

1. Das **silbentrennende h** steht zwischen dem **langen Vokal der ersten Silbe** und dem **kurzen Vokal der zweiten Silbe**. Bei der Silbentrennung steht das silbentrennende h am Anfang der zweiten Silbe: *se-**h**en, die Mü-**h**e.*
2. Das **silbentrennende h** bleibt in der Regel in allen verwandten Wörtern erhalten: *die Mü**h**e: mü**h**sam, sich bemü**h**en, mü**h**selig, er bemü**h**t sich.*
3. Das **Dehnungs-h** steht nur nach einem **langen Vokal** und vor den Konsonanten **l, m, n, r**. Bei der Silbentrennung steht das Dehnungs-h **in** der Silbe mit dem **langen Vokal**: *za**h**-len, bene**h**-men, a**h**-nen, fa**h**-ren.*
4. Das **Dehnungs-h** steht jedoch **niemals**, wenn Wörter mit den Buchstaben **sch, t, p, qu, sp, gr, kr** beginnen: ***Sch**ale, **T**räne, **P**ol, **Qu**al, **Sp**ur, **Gr**am, **Kr**an.*

**1** In den folgenden Wörtern steht zwischen beiden Silben immer ein Sternchen. Entscheide, ob das einzusetzende h ein silbentrennendes oder ein Dehnungs-h ist. Schreibe die Wörter mit Silbentrennungsstrich auf.
**Achtung:** Zwei Wörter enthalten kein h.

*Ausna*me Bo*nen verlei*en se*enswert*
*Ze*e Druckfe*ler fä*ig umzie*en*
*Rasenmä*er spa*ren einne*men aushö*len*
*Schraubenzie*er Eckzä*ne spü*ren fü*ren*
*Belo*nung Tru*e erfa*ren we*en*

Silbentrennendes h: ______________________________

______________________________

______________________________

______________________________

______________________________

Dehnungs-h: ______________________________

______________________________

______________________________

______________________________

______________________________

Diese Wörter enthalten **kein** h: ______________________________

**2** Füge in die Wortlücken ein h ein. Allerdings gibt es vier Wörter, in die kein h eingesetzt werden darf.

## Eine nette Geste

Gestern war es ungefä___r halb ze___n. Ich stand am Fenster und sa___ auf die Straße. Noch immer herrschte sta___rker Verke___r. Plötzlich fie___l mir etwas auf. Eine alte Frau wollte die Fa___rba___n überque___ren. Me___rere Male hatte sie es scho___n probiert. Doch immer wieder nä___erte sich von rechts oder links ein Fa___rzeug, sodass sie große Mü___e hatte, auf den gegenüberliegenden Ge___weg zu gelangen. In dem Moment fu___r ein Radfa___rer um die Ecke. Er bemerkte die alte Frau, hielt an, na___m sie an die Hand und fü___rte sie hinüber. Über diese nette Geste war die alte Frau se___r fro___.

**3** Entscheide, ob die folgenden Wörter mit oder ohne Dehnungs-h geschrieben werden. Wenn du unsicher bist, schau in den Merkkasten auf der vorigen Seite oder schlage in einem Wörterbuch nach.

| | | |
|---|---|---|
| Schwa*n ______ | grö*len ______ | allmä*lich ______ |
| Nordpo*l ______ | Kra*m ______ | Sche*re ______ |
| Ta*l ______ | e*rlich ______ | berü*mt ______ |
| Spu*r ______ | schwe*r ______ | Kra*n ______ |
| Scha*le ______ | gefä*rlich ______ | Spä*ne ______ |
| ze*n ______ | krü*meln ______ | Tö*ne ______ |

# → Wörter mit s, ss und ß

M

## Die Schreibung von Wörtern mit s, ss und ß

1. Der **stimmhafte s-Laut** wird immer als **s** geschrieben:
   *le-**s**en, rei-**s**en, Häu-**s**er.*
2. Der **stimmlose s-Laut** wird in zweisilbigen Wörtern **nach langem Vokal** und nach ***au, äu, eu, ei*** immer als **ß** geschrieben:
   *rei-**ß**en, gie-**ß**en, fra-**ß**en.*
3. Der **stimmlose s-Laut** wird in zweisilbigen Wörtern zwischen **zwei kurzen Vokalen** immer **ss** geschrieben:
   *fa**s**-**s**en, fre**s**-**s**en, Kü**s**-**s**e.*

**1** Lies dir die folgenden Wörter selbst laut vor.
Schreibe sie dann nach den Regeln ihrer Schreibung geordnet auf.
Wenn du unsicher bist, lies im Merkkasten nach.
**Achtung:** Ein Wort kannst du an zwei Stellen einordnen.

*be*onders – Dro*el – grü*en – entla*en – In*el – fa*en – hei*en – Wie*e – äu*erst – pa*en – So*e – Fel*en – verbe*ern – gra*en – Klö*e – bi*ig – verwei*en – Blä*e – Gän*e – verlo*en – abgie*en – rei*en – Grö*e – mü*en – versü*en*

stimmhaftes s immer als s: ______________________

______________________

______________________

stimmloses s nach langem Vokal als ß: ______________________

______________________

______________________

stimmloses s zwischen zwei kurzen Vokalen immer als ss: ______________________

______________________

______________________

**2** Suche zu den Fantasiewörtern links jeweils ein Reimwort aus den Wörtern rechts. Schreibe die Reimpaare auf.

| | | |
|---|---|---|
| *Kno*e* | ______________________ | *die Masse* |
| *Schna*e* | ______________________ | *die Soße* |
| *Blü*e* | ______________________ | *die Süße* |
| *Quö*er* | | *die Schlösser* |

Manchmal ist es nicht einfach zu entscheiden, ob ein Wort mit s oder mit ß geschrieben wird.
In diesem Fall musst du die Wörter verlängern:
*das Glas – die Gläser,* ***aber:*** *der Gruß – die Grüße.*

**3** Suche zu den folgenden Wörtern eine verlängerte Form.
Füge erst dann in die Wörter das s oder ß hinein.

das Ga_____, die ______________________________

ich la_____, wir ______________________________

ich blie_____, wir ______________________________

der Krei_____, die ______________________________

sie nie_____t, wir ______________________________

das Lo_____, die ______________________________

der Klo_____, die ______________________________

der Spa_____, die ______________________________

ich a_____, wir ______________________________

ich lie_____, wir ______________________________

der Flei_____, wir sind ______________________________

gro_____, die ______________________________ Leute

hei_____, die ______________________________ Milch

das Moo_____, die ______________________________

**4** Setze in die Lücken des folgenden Textes **s**, **ss** oder **ß** ein.

## Im königlichen Palast

Zu allen Zeiten mu_____te am englischen Königshof alles nach Protokoll ablaufen. Von den 300 Angestellten wird äu_____erste Präzi_____ion verlangt. Wehe, es vergi_____t jemand etwas! So darf z. B. ein Diener niemals das Lineal verge_____en, mit dem er den Abstand von Me_____ern und Gabeln nachme_____en kann. Ob einer der Gäste wirklich wei_____, dass sogar der Abstand zwischen den Rosenkohlröschen auf dem Teller gleich gro_____ sein muss? Was für dieses Gemü_____e zutrifft, gilt auch für die Diener: Keiner von ihnen darf grö_____er sein als 1, 75 Meter!
Intere_____ant ist auch, dass die 26 Zimmermädchen eines genau wi_____en: Niemals darf es pa_____ieren, sich beim Putzen eines Zimmers oder Bades von der Königin überraschen zu la_____en. Notfalls mu_____ das Mädchen sich sogar irgendwo verstecken. Die Königin darf keinen Hinwei_____ darauf bekommen, wer ihr Zimmer sauber macht.

# Wörter mit k / ck – Wörter mit z / tz

M

## Schreibung von Wörtern mit k/ck und z/tz

1. Nach **Konsonanten** schreibt man nur **k** oder **z**: *Fal**k**e, Ban**k**, Tan**z**, Stur**z**.*
2. Nach einem **betonten** und **langen Vokal** und **au, äu, eu, ei** schreibt man nur ein **k** oder **z**: *Spu**k**, strei**k**en, Kau**z**, gei**z**ig.*
3. Nach einem **betonten** und **kurzen Vokal** schreibt man **ck** oder **tz**: *schi**ck**en, Spu**ck**e, schwi**tz**en, Ne**tz**.*
4. Bei der **Worttrennung** am Zeilenende kommt das **ck** auf die neue Zeile: *Ha-**ck**e, lo-**ck**ig, Ze-**ck**e.*
   Wörter mit **tz** werden **zwischen** dem **t** und dem **z** abgetrennt: *Mü**t**-**z**e, wi**t**-**z**ig, kri**t**-**z**eln.*

**1** Die folgenden zusammengesetzten Wörter sind durcheinandergeraten. Die Grundwörter enthalten entweder ein k oder ein ck, ein z oder ein tz. Schreibe die Zusammensetzungen richtig auf.

Betonschran*e
Eisenbahnklo*

Jagdhi*e
Affenfal*e

Schulde*e
Bettran*en

Sahnetan*
Volkskle*s

Bärenschre*e
Heuta*e

Regenar*t
Kinderwol*e

*Betonklotz* ______ ______

*Eisenbahnschranke* ______ ______

______ ______ ______

______ ______ ______

**2** Städtenamen richten sich nicht immer nach den Rechtschreibregeln. Gegen welche Regel aus dem Merkkasten verstoßen die Namen? Schreibe die entsprechende Ziffer dahinter.
**Achtung:** Ein Nomen verstößt **nicht** gegen die Regel!

Deutz ____ Preetz ____ Eickeloh ____

Laucken ____ Bentzin ____ Glietz ____

Koblenz ____ Kassieck ____ Falckenstein ____

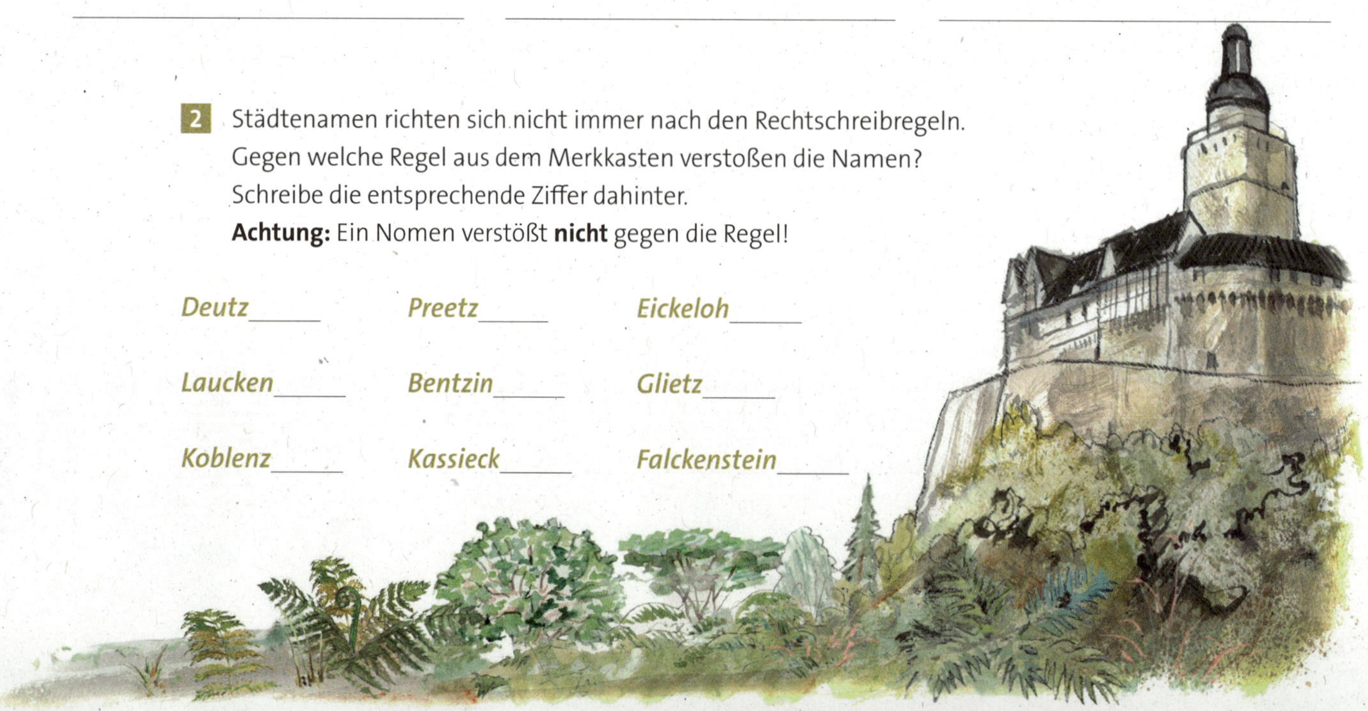

**3** Füge in die folgenden Wörter entweder k oder ck, z oder tz ein.
Schreibe die Wörter mit dem Trennungsstrich auf.

*Kor*en schni*en äch*en glän*en We*er trin*en blö*en Ker*e Wal*e Rü*en*

## Die Doppelkonsonanten ck und tz

Die Buchstabenkombinationen **ck** und **tz** sind eigentlich Doppelkonsonanten. Sie stehen für **kk** und **zz**, die es in deutschen Wörtern nicht gibt. Aber in einigen Fremdwörtern kommen **kk** und **zz** auch in unserer Sprache vor.

M

**4** Von den folgenden Wörtern sind nur sieben Fremdwörter. Schreibe alle Wörter in ihrer richtigen Schreibweise auf.

| | |
|---|---|
| Glokke | Stüzze |
| Fakkel | Pizza |
| Sakko | Müzze |
| Zakken | Frazze |
| Flokken | Skizze |
| Akkusativ | Razzia |
| Akkordeon | Puzzle |

**5** Der folgende Text enthält fünf Fehler. Markiere sie im Text und schreibe die Wörter dann richtig auf.

Über meine Geburtstagsgeschencke habe ich mehr sehr gefreut. Die Musick-CD ist einfach spizze. Die Wintermütze sieht schick aus. Lange schon habe ich mir Steltzen gewünscht. Ich habe sie sofort ausprobiert und wäre bei meinem ersten Versuch beinahe in eine Pfüze gefallen.

# → Verben können zu Substantiven werden

M

## Verben können zu Substantiven werden

Meistens weisen **Signale** auf die **Großschreibung** dieser Verben hin. Die wichtigsten Signale sind:

1. **Artikel:** ***das*** *Fliegen,* ***ein*** *langes Suchen*
2. **versteckter Artikel:** ***beim*** *(= bei dem) Wandern*
3. **Pronomen:** ***ihr*** *Jammern,* ***kein*** *Faulenzen*
4. **Adjektive:** ***lautes*** *Rufen,* ***vergebliches*** *Bemühen*

**1** Sechs Verben sind in den folgenden Sätzen zu Substantiven geworden und müssen großgeschrieben werden. Markiere zuerst die Signale dafür, schreibe dann das Substantiv auf. Notiere zum Schluss in den Klammern die Ziffer des entsprechenden Signals für die Großschreibung (siehe Kasten).
**Achtung:** In einem Satz ist das Verb **nicht** zu einem Substantiv geworden.

a) Moritz ist vom LAUFEN ______________________ (____) ganz müde geworden.

b) Intensives TRAINIEREN ______________________ (____) lohnt sich immer.

c) Lisa fällt das LERNEN ______________________ (____) leicht.

d) Florian, dein LACHEN ______________________ (____) ist wirklich ansteckend.

e) Lotte will uns heute Abend BESUCHEN ______________________ (____).

f) Jeden Morgen weckt uns lautes BELLEN ______________________ (____).

g) Beim LERNEN ______________________ (____) konzentriert sich Franz.

**2** Füge die Wörter aus der rechten Spalte passend in die Sätze ein. Entscheide dabei über die Groß- und Kleinschreibung der Wörter. Schreibe die Wörter richtig in die Zeilen.

### Jeden Morgen dasselbe!

Das ______________________ auf den Schulbus ist jeden Morgen eine echte Freude. Wird er heute pünktlich ______________________? Beim ______________________ beginnt dann das große ______________________. Der Fahrer will, dass wir uns dabei auch noch ______________________. Einen Platz zum ______________________ kann man vergessen. An der nächsten Haltestelle beginnt wieder das ______________________ und ______________________. Man ist immer in Bewegung: Beim ______________________ kippt man nach hinten, beim ______________________ rutschen alle nach vorn. Nach dem ______________________ weiß man: Das ______________________ im Bus ist so schön!

*BEEILEN*
*FAHREN*
*WARTEN*
*AUSSTEIGEN*
*KOMMEN*
*DRÄNGELN*
*EINSTEIGEN*
*SITZEN*
*SCHIEBEN*
*STOßEN*
*BREMSEN*
*ANFAHREN*

## → Adjektive können zu Substantiven werden

### Adjektive können zu Substantiven werden

Meistens weisen bestimmte Signale auf die **Großschreibung** dieser Adjektive hin. Die wichtigsten Signale sind:

1. **Artikel:** ***das*** *Gute*, ***ein*** *Gutes*
2. **Wörter** wie **viel, wenig, alles, manches, etwas, nichts:** ***alles*** *Gute*, ***etwas*** *Grünes*
3. **Pronomen:** ***ihr*** *Rot*, ***sein*** *Grau*
4. **versteckter Artikel:** ***ins*** *(= in das) Blaue*
5. **ohne Signal:** *Schönes erleben*



**1** Von den 16 Adjektiven in Großbuchstaben sind sieben zu Substantiven geworden und müssen deshalb großgeschrieben werden.
- Markiere sie zusammen mit ihren Signalen im Text.
- Schreibe die substantivierten Adjektive dann mit den Signalen für ihre Großschreibung auf.

*nichts Alltägliches ...*

### Im Hochseilgarten

Beim LETZTEN Klassenausflug haben wir einmal nichts ALLTÄGLICHES, sondern etwas AUSSERGEWÖHNLICHES gemacht. Wir sind nämlich in den NEUEN Hochseilgarten gefahren – ein SPANNENDER und AUFREGENDER Tag! Das BESTE war für mich der ATEMBERAUBENDE Baumgipfelpfad. Von dort oben schaut man direkt ins GRÜNE der Baumkronen. Ihr GRÜN ist aus der Nähe betrachtet viel intensiver. Es gibt für mich wirklich nichts SCHÖNERES, als von einem HOHEN Baum nach unten zu schauen. Ein WUNDERBARER Ausblick.
Leider ist an diesem Tag aber auch noch etwas BLÖDES passiert: Beim Hinabsteigen war Lisa UNAUFMERKSAM und rutschte aus. Jetzt hat sie einen VERSTAUCHTEN Knöchel.

**2** Schreibe die Beispielsätze auf.
Achte besonders auf die Großschreibung der Substantive.
Markiere bei den substantivierten Adjektiven die Signale für die Großschreibung.

WIR BIETEN KÖSTLICHES AUS DEM FERNEN ASIEN.
DIE SPEISEN SIND VOM FEINSTEN FÜR DEN ANSPRUCHSVOLLEN GESCHMACK.
FÜR UNSERE GÄSTE IST DAS BESTE GERADE GUT GENUG.

## Die Groß- und Kleinschreibung von Zeitangaben

M

### Die Groß- und Kleinschreibung von Zeitangaben

1. **Wochentage** und **Tageszeiten** werden **großgeschrieben**, wenn vor ihnen ein **Artikel**, ein **Pronomen** oder eine **Präposition** steht:
   ***der** Freitag, **eines** Nachts, **diesen** Montag, **am** Sonntagmorgen.*
2. **Tageszeiten** werden **großgeschrieben**, wenn sie nach den Wörtern **vorgestern, gestern, heute, morgen, übermorgen** stehen:
   *übermorgen Nachmittag, morgen Mittag, heute Nacht, gestern Vormittag.*
3. **Wochentage** und **Tageszeiten** werden **kleingeschrieben**, wenn sie **Adverbien** sind:
   *vorgestern, gestern, heute, morgen, übermorgen; abend**s**, mittag**s**, mittwoch**s**, donnerstag**s**.*

**1** Schreibe zu jeder Zeitangabe weitere Beispiele auf. Sie sollen so aussehen:

am Abend *am Sonntag,* ______________________

morgen Abend ______________________

gestern ______________________

abends ______________________

**2** Schreibe die Zeitangaben in richtiger Groß- und Kleinschreibung auf.

**Die Pechsträhne**

Felix bedeutet zwar der *Glückliche*, aber mein Freund Felix erlebt seit GESTERN ______________ gerade eine Pechsträhne. Schon am frühen DIENSTAGMORGEN ______________ hat ihn eine Wespe gestochen, sodass er den ganzen VORMITTAG ______________ mit einem kühlenden Verband herumlaufen musste. Nachdem es ihm besser ging, wollte er NACHMITTAGS ______________ ins Freibad gehen. Er kam nicht weit, denn es fing an zu regnen. Der DIENSTAGNACHMITTAG ______________ wurde nicht besser, denn bis in den ABEND ______________ hinein suchte er seinen entflogenen Kanarienvogel. Spät am ABEND ______________ wollte er noch für den Unterricht am nächsten MORGEN ______________ ein Buch lesen. Leider war seine Suche nach diesem Buch auch um MITTERNACHT ______________ nicht beendet. Natürlich schlief er deshalb spät ein, sodass sich das Pech HEUTE MORGEN ______________ fortsetzte: Er hörte den Wecker nicht und kam erst VORMITTAGS ______________ zum Unterricht.

# → Getrennt- und Zusammenschreibung

## Getrennt- und Zusammenschreibung



1. Fügungen mit den Wörtern ***gar, so, wie*** und ***zu*** werden **getrennt geschrieben**:
   *gar kein, gar nichts, so gut, so wenig, wie weit, wie oft, zu viel.*

2. Fügungen mit dem Hilfsverb ***sein*** werden **getrennt geschrieben**:
   *allein sein, fremd sein, auf sein, berühmt sein, gespannt sein, ernst sein.*

3. Fügungen aus **Verben** mit dem Wörtchen ***zu*** werden **getrennt geschrieben**, wenn die Verben **Infinitive** sind und ihre **Bedeutung behalten**. Beim Sprechen liegt die **Betonung** auf den **Verben**.
   *Der Redner war nicht gut **zu hören**.*
   *Er bemühte sich, den Koffer ordentlich **zu packen**.*

4. Fügungen aus **Verben** mit dem Wörtchen ***zu*** werden **zusammengeschrieben**, wenn die Verben **Infinitive** oder **Partizipien** sind und durch das ***zu*** eine **neue Bedeutung** erhalten.
   *Du solltest besser **zuhören**. Peter hat auch nicht **zugehört**. Lisa kann kräftig **zupacken**. Die kräftig **zupackende** Lisa hat uns beim Umzug sehr geholfen.*

Das sind häufig vorkommende Fügungen mit den Wörtern ***gar, so, wie*** und ***zu***:

*gar kein – gar nicht – genauso gut – so etwas – so einer – so oft – so sehr – so viele – so weit – so wenig – wie hoch – wie immer – wie oft – wie sehr – wie viel – wie weit – zu hoch – zu oft – zu viel – zu wenig – zu Ende – zu Fuß – zu Hause – zu Hilfe*

**1** Ergänze in den folgenden Sätzen passende Fügungen aus der Wortsammlung oben.

a) Heute habe ich zum Fußballspielen ____________________ Lust.

b) Carolin kommt ____________________ zehn Minuten früher zum Treffpunkt.

c) Jakob hat Bauchschmerzen, weil er ____________________ gegessen hat.

d) Felicitas hat ____________________ Zensuren wie David.

e) Nach Philipps Sturz kamen ihm gleich zwei Jungen ____________________.

f) Ich weiß nicht, ____________________ Gäste zu meiner Geburtstagsfeier kommen.

g) André musste einsehen, dass er für die Bio-Arbeit ____________________ gelernt hatte.

h) Um das Spiel zu gewinnen, müssen wir uns ____________________ anstrengen wie noch nie!

i) Wenn der Film ____________________ ist, wird der Fernseher ausgeschaltet.

**2** **Suche dir drei Fügungen aus der Sammlung oben aus. Schreibe jeweils einen Satz damit auf.**

________________________________________

________________________________________

________________________________________

**3** Ergänze die Sätze, indem du passende Fügungen mit *sein* wählst.

*richtig* *hier* *böse* *gut* *still* *dick* *traurig*
*froh* *sicher* *cool* *gültig* *krank* *schlau*
*wahr* *heiß* *zurück* *verrückt* *falsch* *fertig*

**+**
**sein**

1) Wir können ______________________, wenn wir noch vor dem Gewitter zu Hause sind.

2) Wir sollten nicht __________________________, dass wir das Spiel verloren haben.

3) Wo bleibt denn Carl? Er müsste doch längst vom Training ______________________.

4) Klara wollte schon um halb vier ______________________.

5) Morgen werden wir wohl mit unserer Arbeit noch nicht ganz ______________________.

6) Eine Hitze ist das! Und morgen soll es wieder so ______________________.

7) Mia, könntest du bitte einmal ______________________, wenn andere sprechen!

8) Du darfst mir nicht ______________________, wenn ich zu deiner Geburtstagsfeier ein bisschen später komme.

9) Können wir ______________________, dass niemand unser Geheimnis verrät?

10) Franz, lass es ______________________! Das kann doch nicht ______________________!

**M**

## Substantivierte Fügungen mit *sein*

Fügungen mit ***sein*** können auch zu **Substantiven** werden.
Dann werden sie **zusammen-** und **großgeschrieben**.
Man erkennt das an den Signalen **Artikel, Präposition, Pronomen**:
*allein sein* → *das Alleinsein, während des Alleinseins, dein Alleinsein.*

**4** Trage Fügungen mit ***sein*** als Substantiv in die Lücken der folgenden Sätze ein.
**Achtung:** In einem Satz ist das nicht möglich.

a) **hier sein**
Euer ______________________ freut uns sehr.

b) **zusammen sein**
Beim nächsten ______________________ sprechen wir über unsere Klassenfahrt.

c) **zufrieden sein**
Mit unserer Leistung im letzten Spiel können wir sehr ______________________.

d) **krank sein**
Toms längeres ______________________ hat ihn in seinen Leistungen zurückgeworfen.

e) **traurig sein**
Dein ______________________ macht mich auch ganz traurig.

**5** Entscheide, ob die Fügungen mit *zu* getrennt oder zusammengeschrieben werden. Trage in die Sätze jeweils die richtige Lösung ein.
Im Zweifelsfalle schau noch einmal in den Merkkasten auf der Seite 57.

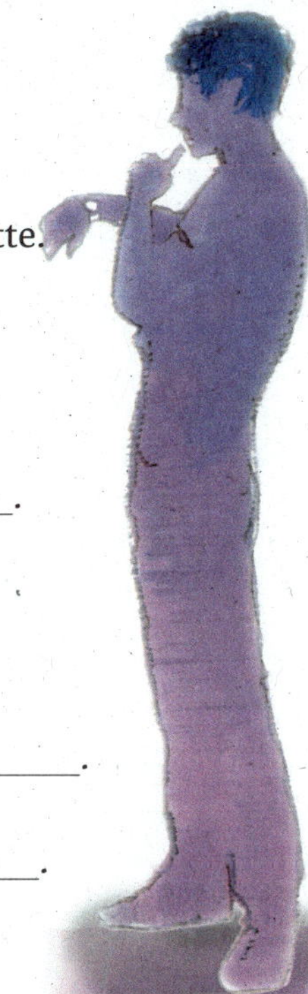

1) **zu / geben**
Er musste ehrlich ____________________, dass er unser Treffen einfach vergessen hatte.

Robert hatte keine Zeit, seiner Schwester den Brief ____________________.

2) **zu / bleiben**
Die Wohnungstüren müssen bei einem Brand im Treppenhaus ____________________.

Lena bat Paul, noch ein bisschen ____________________.

3) **zu / schießen**
Zur Finanzierung unserer Klassenfahrt wird die Schule etwas Geld ____________________.

Der Stürmer hatte den richtigen Zeitpunkt verpasst, auf das Tor ____________________.

4) **zu / sehen**
Bei dem Wetter sollten wir ____________________, schnell nach Hause zu kommen.

Viele Passanten blieben stehen, obwohl es gar nichts ____________________ gab.

5) **zu / sagen**
Nach der letzten Bio-Arbeit hatte Frau Richter einige kritische Worte ____________________.

Wir haben einen Nationalspieler zu unserem Sportfest eingeladen. Hoffentlich wird

er ____________________.

6) **zu / drehen**
Felix schlägt Jonas vor, ein paar Runden mit den Rad ____________________.

Du musst sofort den Wasserhahn ____________________, sonst läuft die Wanne über.

**6** **Trage in die Sätze die Verben mit *zu* in der Perfektform ein.**

a) **zuflüstern:** Maria __________ Lucas etwas ____________________.

b) **zufügen:** Der Sturm __________ vielen Häusern großen Schaden ____________________.

c) **zuknallen:** Lucy __________ ihrer Freundin die Tür vor der Nase ____________________.

d) **zulächeln:** Leon __________ Lilli freundlich ____________________.

## → Das Komma zwischen Haupt- und Nebensatz

M

### Das Komma zwischen Haupt- und Nebensatz

Ein **Nebensatz** wird durch Komma vom **Hauptsatz** abgegrenzt.
Nebensätze erkennt man vor allem an **Konjunktionen** wie
***als, bevor, dass, nachdem, ob, obwohl, sodass, während, weil, wenn, wie ...***
Ein Nebensatz reicht stets von der Konjunktion am Anfang bis zum **Prädikat** am Ende:

*Ich hatte ein bisschen Angst*, *als ich das erste Mal in ein Flugzeug steigen sollte*.

**1** Markiere in den folgenden Sätzen die Nebensätze und füge die Kommas ein.
Manchmal stehen die Nebensätze vorn, manchmal hinten.
**Aber Achtung:** Ein Satz enthält keinen Nebensatz!

### Flugangst

Ich hatte ein bisschen Angst als ich das erste Mal in ein Flugzeug steigen sollte.
Schon auf dem Flughafen war mir schlecht geworden sodass ich ganz blass wurde.
Meine Mutter sah mir das auch an während wir auf die Abfertigung warteten.
Sie holte mir etwas zu trinken bevor wir durch die Sperre gingen.
Nachdem ich ein großes Glas Wasser getrunken hatte wurde mir etwas besser.
Als wir dann im Flieger saßen ging es mir wieder richtig gut.
Natürlich bekam ich noch einmal einen Schreck bevor das Flugzeug vom Boden abhob.
Nachdem wir dann aber über den Wolken angekommen waren fand ich es richtig toll.
Ich schaute aus dem Fenster und sah die Landschaft unter mir.
Ob ich wohl unser Haus erkennen kann dachte ich.
Aber alles war so winzig dort unten dass ich es nicht entdecken konnte.
Obwohl ich doch zunächst Angst gehabt hatte fühlte ich mich jetzt richtig wohl.
Fliegen ist schön wenn man es erst einmal erlebt hat.

**2** Füge in den Text die fehlenden Konjunktionen ein.
Unterstreiche dann das Prädikat am Ende der Nebensätze und setze die Kommas.

### Flugangst

____________________ ich das erste Mal in ein Flugzeug steigen sollte war mir richtig schlecht.

____________________ wir durch die Sperre gingen habe ich noch ein Glas Wasser getrunken.

____________________ wir dann im Flieger saßen ging es mir schon besser.

Ich fand es richtig toll ____________________ wir endlich über den Wolken angekommen waren.

Ich schaute aus dem Fenster ____________________ ich gern unser Haus erkannt hätte.

____________________ die Landschaft klar zu erkennen war habe ich es nicht entdeckt.

____________________ man es erst einmal selbst erlebt hat ist das Fliegen sehr schön!

1. Ein Nebensatz kann dem Hauptsatz **nachgestellt** sein:

*Am Morgen stehe ich auf* , *wenn der Wecker klingelt* .

2. Er kann ihm aber auch **vorausgestellt** sein:

*Wenn der Wecker klingelt* , *stehe ich am Morgen auf* .

3. Manchmal ist der Nebensatz auch in den Hauptsatz **eingeschoben**:

*Ich stehe am Morgen* , *wenn der Wecker klingelt* , *auf* .

M

**3** Wo steht in den folgenden Beispielsätzen der Nebensatz? Markiere ihn. Schreibe die Zahl aus dem Kasten davor und füge die Kommas ein.

## Landung

_____ Nachdem wir zwei Stunden geflogen waren setzte der Flieger zur Landung an.

_____ Wir mussten uns wie es die Stewardess anordnete anschnallen.

_____ Während es im Sinkflug abwärtsging wurde mir wieder etwas mulmig.

_____ Ich musste mir die Ohren zuhalten weil sie so weh taten.

_____ Das Flugzeug flog durch die Wolkendecke sodass ich den Hafen sehen konnte.

_____ Dann gab es ein lautes Rumpeln als der Flieger aufsetzte.

_____ Wir mussten angeschnallt bleiben bis die Maschine zum Stehen kam.

_____ Einige Passagiere aber standen obwohl es nicht erlaubt war schon vorher auf.

_____ Manche können es eben nicht abwarten bis sie endlich aussteigen können.

**4** Setze die passenden Konjunktionen in den folgenden Text ein. Füge die Kommas hinzu.

*nachdem – sodass – obwohl – bis – während – als*

## Landung

Der Flieger setzte zum Sinkflug an ____________________ wir noch weit vom Ziel entfernt waren. ____________________ wir immer tiefer hinabsanken bekam ich einen Druck auf die Ohren ____________________ ich sie mir zuhalten musste. ____________________ wir die Wolkendecke durchstoßen hatten konnte ich die Schiffe im Hafen sehen. ____________________ der Flieger aufsetzte rumpelte es heftig. Dann kurvte das Flugzeug noch so lange auf dem Flugplatz herum ____________________ wir am richtigen Platz hielten.

# → Nebensätze mit *dass*

M

## Sätze mit der Konjunktion *dass*

Sätze mit der Konjunktion **dass** sind **Nebensätze**, die mit **Komma** abgegrenzt werden.
Nebensätze mit **dass** beziehen sich oft auf **Verben des Denkens, Sagens, Meinens, Glaubens** im Hauptsatz:
*Viele Menschen glauben/denken/meinen,* ***dass*** *es früher besser war als heute.*

Manchmal sind diese Verben zu Substantiven geworden. Auch dann können ihnen *dass*-Sätze folgen:
*Viele Menschen sind der Meinung,* ***dass*** *es früher besser war als heute.*
Dass-Sätze können auch **vor** einem **Hauptsatz** stehen:
***Dass*** *es früher besser war, glauben viele Menschen.*

**1** Bilde aus den Sätzen, die unter den Zeilen stehen, dass-Sätze.
Setze die Kommas ein.

### Die verlorene Uhr

Ich glaube ____________________
ich habe meine Uhr verloren

Ich bin mir sicher ____________________
ich habe sie vor dem Sport noch gehabt

Ich weiß genau ____________________
ich habe sie beim Umziehen abgemacht

Es ist am wahrscheinlichsten ____________________
ich habe sie in der Kabine vergessen

____________________ das passiert mir eigentlich selten.
ich vergesse etwas

Möglich ist auch ____________________
jemand hat sie mir gestohlen

Ich vermute aber ____________________
es ist nicht so

____________________ ist ja immerhin auch möglich.
jemand hat sie gefunden

Und dann hoffe ich darauf ____________________
er hat sie beim Hausmeister abgegeben

Jedenfalls wünsche ich mir ____________________
ich bekomme sie wieder

____________________ möchte ich auf keinen Fall zugeben.
ich habe sie verbummelt

# Das Komma zwischen Hauptsätzen

**1** Verbinde jeweils die Hauptsätze mit einer Konjunktion aus dem Merkkasten.
- Verwende jede Konjunktion mindestens einmal!
- Und vergiss die Kommas nicht!

M

## Das Komma zwischen Hauptsätzen

Nach einem Hauptsatz steht im Allgemeinen ein **Punkt**:
*Vor einer Schifffahrt habe ich Angst. Ich werde immer seekrank.*
Wenn man zeigen will, dass zwei Hauptsätze eng **zusammengehören**, kann man zwischen ihnen auch ein **Komma** setzen:
*Vor einer Schifffahrt habe ich Angst, ich werde immer seekrank.*
Man kann aber zwei Hauptsätze auch mit **Konjunktionen** verbinden wie ***und, oder, denn, aber, sondern***.
Vor *und* und *oder* **kann** man ein Komma setzen.
*Vor denn, aber, sondern* **muss** man es setzen:
*Vor einer Schifffahrt habe ich Angst, denn ich werde immer seekrank.*

a) Einmal fuhren wir auf einem Schiff nach Helgoland. Das Wetter war gar nicht schlecht.

b) Erst sah es wirklich nicht so schlimm aus. Dann kam ein furchtbarer Sturm auf.

c) Sollten wir oben auf dem Deck bleiben? Sollten wir nach unten gehen?

d) Ich bin eigentlich nicht ängstlich. Ich trau mich eher was.

e) Doch dann bekam ich es richtig mit der Angst. Das Schiff schaukelte furchtbar.

f) Die Seekrankheit hatte mich voll im Griff. Du weißt sicher, was das heißt.

## Die Zeichensetzung bei Datums- und Zeitangaben

**M**

### Regeln für das Schreiben von Datums- und Zeitangaben

- **Zwischen** Wochentagen/Ortsangaben und Datumsangaben muss **immer** ein Komma stehen. **Nach** einer Datumsangabe ist das Komma **freigestellt**:
  *Jacob reist am* ***Montag, dem 16. April [,]*** *wieder ab.*
- **Vor** einer Zeitangabe **muss** ein **Komma** stehen, aber **nach** einer Zeitangabe ist das Komma **freigestellt**:
  *Der Unfall geschah am Montag, dem 16. April,* ***gegen 12:30 Uhr [,]*** *auf dem Postplatz.*
- Wenn der Wochentag im **Dativ** steht, kann der Artikel **vor** dem Datum sowohl im **Dativ** *(dem)* als auch im **Akkusativ** *(den)* stehen:
  *Wir treffen uns* ***am Montag, dem/den*** *16. April, um 15:00 Uhr.*
- Bei einer Datumsangabe **ohne** *am, vom, zum* steht **vor** dem Monatstag der Artikel immer im **Akkusativ** *(den)*:
  *Das Sportfest beginnt Montag,* ***den*** *16. April.*

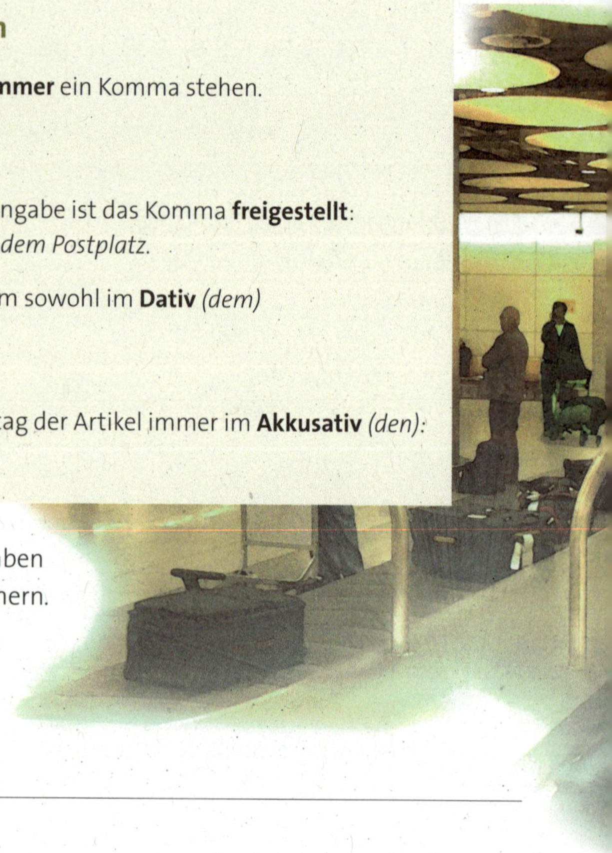

**1** Schreibe aus den Sätzen nur die markierten Datums- und Zeitangaben richtig auf. Setze die Kommas, die freigestellt sind, in eckige Klammern. Orientiere dich dabei am Merkkasten.

a) Ich komme Dienstag den 17. April an.

_______________________________________________

b) Seit Freitag dem 27.02.2012 um 8:00 Uhr hat das Café geöffnet.

_______________________________________________

c) Meine Geburtstagsfeier beginnt Mittwoch den 28. März 2012 um 16:30 Uhr im Jugendzentrum.

_______________________________________________

d) Der Brief ist vom Dienstag dem 31.01.2012 datiert.

_______________________________________________

**2** Drei Datums- und Zeitangaben sind fehlerhaft. Schreibe sie richtig auf.

a) am Montag dem 23. April, 16:00 Uhr, im Museum
b) seit Donnerstag, dem 16.02.2012, 12:00 Uhr geöffnet
c) Dienstag, dem 24. April, Schülerratssitzung
d) bis zum Mittwoch, dem 12. Juli, Abgabe der Hausaufsätze
e) Sonntag, den 29. April 14:00 Uhr Spielbeginn

_______________________________________________

_______________________________________________

_______________________________________________

## → Die Zeichen der wörtlichen Rede

### Im Restaurant

In einem Restaurant sitzt eine ältere Frau beim Essen. Es zieht hier so , sagt sie fröstelnd zu sich selbst. Kann man das nicht abstellen? Nach einiger Zeit bittet sie den Kellner: Könnten Sie die Klimaanlage etwas schwächer einstellen? Der Kellner antwortet höflich: Aber natürlich, meine Dame! Nach zehn Minuten beginnt die Frau zu schwitzen. Sie sagt zu sich selbst: Es ist hier so warm! Sie wendet sich noch einmal an den Kellner und seufzt: Würden Sie die Klimaanlage nicht doch wieder etwas höher einstellen? Gewiss doch , sagt der Kellner, das wird sofort erledigt. Es vergeht nur wenig Zeit, da meldet sich die Dame wieder: Ach, Herr Ober, stellen Sie doch die Klimaanlage wieder runter! Kein Problem , meint der Kellner. Da wendet sich ein Gast, der in der Nähe ist, an den Kellner. Sagen Sie , fragt er, sind Ihnen die vielen Wünsche der Dame und das ewige Hin und Her nicht lästig? Aber nein , flüstert der Kellner, wir haben doch gar keine Klimaanlage.

Die Frau muss das, was der Kellner gesagt hat, aber gehört haben. Sie winkt ihn zu sich heran. Dass Sie keine Klimaanlage haben sagt sie ist mir von vornherein klar gewesen. Dann ergänzt sie: Ich wollte nur einmal testen, wie freundlich die Bedienung hier ist. Und fragt der Kellner. Sie haben den Test bestanden antwortet die Frau.

### Die Zeichen der wörtlichen Rede

M

Sätze mit wörtlicher Rede bestehen aus **Redeteil** und **Begleitsatz**.
Im Begleitsatz steht, **wer** etwas sagt: *Sophie sagt: ...*
Im Redeteil steht, **was** einer sagt: *„Ich möchte nichts essen."*
Der Redeteil steht in **Redezeichen** (Anführungszeichen).

Meistens ist der Begleitsatz dem Redesatz **vorausgestellt**:
*Sophie sagt: „Ich habe überhaupt keinen Appetit."*

Oft ist der Begleitsatz dem Redesatz **nachgestellt**:
*„Ich habe überhaupt keinen Appetit", sagt Sophie.*

Und ab und zu ist der Begleitsatz in den Redesatz **eingeschoben**:
*„Ich habe", sagt Sophie, „überhaupt keinen Appetit."*

**1** Markiere in diesem Text die Redeteile. Füge dann die Redezeichen (Anführungszeichen) ein.
- Achte gut darauf, an welcher Stelle die Redezeichen stehen müssen: vor oder nach den Punkten und Kommas? Schau dir dazu noch einmal die Beispiele im Kasten an!
- **In den letzten Sätzen fehlen auch noch andere Satzzeichen. Füge sie ein.**

## → Substantive: die vier Fälle

M

### Die vier Fälle

Das Setzen der Substantive in die vier Fälle nennt man **Deklination**:

| | **Maskulinum** | **Femininum** | **Neutrum** |
|---|---|---|---|
| **Nominativ:** | *Der neue Schüler gefällt mir.* | *Die neue Schülerin gefällt mir.* | *Das neue Mädchen gefällt mir.* |
| **Akkusativ:** | *Ich sehe den neuen Schüler.* | *Ich sehe die neue Schülerin.* | *Ich sehe das neue Mädchen.* |
| **Dativ:** | *Ich helfe dem neuen Schüler.* | *Ich helfe der neuen Schülerin.* | *Ich helfe dem neuen Mädchen.* |
| **Genitiv:** | *Die Jacke des neuen Schülers gefällt mir.* | *Die Jacke der neuen Schülerin gefällt mir.* | *Die Jacke des neuen Mädchens gefällt mir.* |

Die vier Fälle erkennt man in der Regel an den Artikeln ***den, dem, des – die, der, der – das, dem, des*** und an den **Endungen** der Adjektive vor dem Substantiv.

**1** In den Klammern des folgenden Textes stehen einige Substantive, Artikel und Adjektive im Nominativ. Schreibe sie in den richtigen Fällen in die Zeilen hinein.

## Warum bebt die Erde?

Die Erde besitzt (eine Erdkruste) ____________________, die etwa 35 Kilometer dick ist. Das kommt uns sehr viel vor. Aber wenn man die Erde mit (ein Apfel) ____________________ vergleicht, ist die Kruste nicht dicker als die Schale (der Apfel) ____________________. Das heißt, dass die Oberfläche (die Erde) ____________________ gar nicht so fest und stabil ist. Dazu kommt, dass die Erdkruste nicht aus (ein Stück) ____________________ besteht. Sie ist aus (sieben große und viele kleine Teile ) ____________________ zusammengesetzt. Diese riesigen Erdplatten schwimmen ganz langsam auf (ein heißer, zähflüssiger Brei) ____________________.

Die große Platte zwischen (die amerikanische und asiatische Küste) ____________________ bewegt sich z. B. mit (eine Geschwindigkeit) ____________________ von acht bis neun Zentimetern pro Jahr westwärts. Vor (die japanische Küste) ____________________ schiebt sie sich unter (eine andere riesige Platte) ____________________. Die beiden Platten verhaken und verkanten sich und es kommt zu (gewaltige Spannungen) ____________________, die sich nach (eine bestimmte Zeit) ____________________ in (ein Erdbeben) ____________________ entladen können.

## → Der Gebrauch des Artikels im Text

**1** Füge in die Lücken die notwendigen Artikel ein. In eine Lücke könntest du sowohl den unbestimmten als auch den bestimmten Artikel eintragen.

### Der unbestimmte und der bestimmte Artikel im Text

M

Der **unbestimmte** Artikel *(ein, eine)* vor Substantiven macht meistens deutlich, dass etwas noch **unbekannt** ist. Deshalb kommt der unbestimmte Artikel vor allem **am Anfang** eines Textes vor, weil die Leser die Dinge oder Personen **noch nicht kennen**:
*Ein (irgendein) Junge lebt auf einem (irgendeinem) Bauernhof und ...*

Der **bestimmte** Artikel *(der, die, das)* weist meistens darauf hin, dass etwas bereits **bekannt** ist. Deshalb kommt der bestimmte Artikel in einem Text vor allem **weiter hinten** vor, weil die Leser die Dinge und Personen schon **kennen**: *Der Junge (den wir eben vorgestellt haben) lebt seit drei Jahren auf dem Bauernhof (der eben genannt wurde) und ...*

## Geburtstagstorten

Jedes Jahr zu meinem Geburtstag gibt es __________ Erdbeertorte.

Normalerweise können zwölf Personen von __________________ Torte essen.

Ich habe es schon erlebt, dass Max oder Paul __________ halbe Torte allein gegessen hat. Diesmal kamen sie sogar beide, aber meine Mutter hatte vorsorglich noch __________ Cremetorte gebacken. Zu __________ Erdbeertorte gab es noch reichlich Schlagsahne, auf __________ Cremetorte konnten die Gäste noch frische Heidelbeeren tun. Max und Paul waren sowohl von __________ Erdbeer- als auch von __________ Cremetorte begeistert und haben sich __________ Bauch vollgeschlagen. Schon deshalb meinten sie übereinstimmend, dass ihnen __________ Geburtstagsfeier prima gefallen habe.

**2** Setze in die folgenden Sätze den unbestimmten oder den bestimmten Artikel ein.

a) Ich habe mir gestern ______________ Film angesehen, von dem du mir erzählt hattest.

b) Ich habe mir gestern ______________ Film angesehen, von dem ich noch nie etwas gehört hatte.

c) Ich habe ______________ Portemonnaie auf der Straße gefunden.

d) Ich habe ______________ Portemonnaie im Fundbüro abgegeben.

e) Da kommt endlich ______________ Bus, auf den wir so lange gewartet haben.

f) Da kommt endlich ______________ Bus. Mal sehen, wohin der fährt.

**3** Schreibe eine Begründung für deine Entscheidung auf.

______________________________________________

______________________________________________

______________________________________________

# → Adjektive

M

## Adjektive

**Adjektive** machen **genauere** Angaben

- über die **Bedeutung** von **Substantiven**: *das* ***mutige*** *Mädchen* → *das Mädchen ist* ***mutig***
- über die **Bedeutung** von **Verben**: *Peter läuft am* ***schnellsten****.* → *am* ***schnellsten*** *laufen*

Adjektive kann man daran erkennen, dass sie immer zwischen einem Artikel und einem Substantiv stehen können: *die* ***zahlreichen*** *Erlebnisse.*
**Aber nicht:** *die often Erlebnisse!*

**1** 18 Wörter im Text sind *kursiv* gedruckt. Davon sind 11 Adjektive. Markiere diese Wörter. Bist du dir nicht sicher, dann benutze die Adjektiv-Probe. Passt das Wort hinein, gehört es zu den Adjektiven.
Die ... Plingplongs schwirren überall herum.

## Eine SMS für Lola

Freitag, 1. März
*Liebes* Tagebuch, ich liege im Bett, Stöpsel und Alicia Keys in den Ohren, und ich habe keine *große* Lust zum Schreiben. Ich bin völlig *kaputt*, habe *letzte* Nacht *schlecht* geschlafen und *schreckliche* Sachen geträumt, und die Prüfung ist *miserabel* gegangen. Außerdem ist Kim mit diesem *geblümten* T-Shirt in die Schule gekommen, das ich *schon* lange kaufen wollte, aber das geht ja jetzt nicht mehr, wenn sie es schon hat. Dann war ich *draußen* mit Wanja, und er hat sich losgerissen und ist abgehauen, weil ein Eichhörnchen im Gebüsch war, und beim Abendessen haben Mama und Papa sich gestritten.

Viertel nach eins. Bin wieder aufgewacht, weil Mama und Meret sich *unten* im Flur angeschrien haben. *Typisch* Meret, sie ist wieder mal viel zu *spät* heimgekommen, sie muss *nämlich* um halb eins zu Hause sein. Ich würde ja *gern* wissen, wo und mit wem sie *immer* rumhängt. Ach ja, das habe ich *beinahe* vergessen. Bastian aus der 7c hat mir eine SMS geschickt, darin stand: Wilst du mit mir gehen? Willst mit einem l!! Also, so was kann man ja wirklich nicht *ernst* nehmen.

**2** Setze in die Lücken die Vergleichswörter *als* oder *wie* ein.

a) Gestern waren wieder mehr __________ 20 000 Zuschauer im Stadion.

b) Nur einmal sind weniger Zuschauer gekommen __________ gestern.

c) Daran kann man sehen, dass die Fußballbegeisterung hier so hoch ist __________ in keiner anderen Stadt.

d) Die Sprechchöre der Fans sind so laut __________ in anderen Stadien, aber sie sind viel witziger __________ sonst üblich.

e) So spielt unsere Mannschaft meist besser __________ das Gäste-Team.

### Pronomen

**Pronomen** können in Texten Substantive **ersetzen** bzw. **begleiten**.
**Personalpronomen:** *Maria trifft Jakob.* ***Sie*** *hat* ***ihn*** *schon lange nicht mehr gesehen.*
**Possessivpronomen:** *Anna sucht seit einer halben Stunde* ***ihren*** *Deutsch-Hefter.*
**Demonstrativpronomen:** ***Dieses*** *Buch hat mir sehr gefallen, aber* ***das*** *da nicht.*
**Relativpronomen:** *Der Junge,* ***der*** *es wohl sehr eilig hatte, drängelte sich nach vorn.*

## Was hat ein Eisbein mit dem Eislaufen zu tun?

Wer den Namen dafür erfunden hat, ist nicht überliefert. Kinder sollen entdeckt haben, wie viel Spaß das Rutschen auf dem Eis machen kann. Aber die Schuhe bremsten. Und *das* war sehr ärgerlich! Und dann haben die Väter geholfen, indem *sie ihren* Kindern eine Art Kufen an den Schuhen befestigt haben. *Sie* verwendeten dazu Knochen von Schweinsfüßen, weil *diese* sich am besten eigneten. Auf *ihnen* konnten die Kinder rutschen, stolpern und gleiten. Ob die Schweinsknochen dort *ihren* allseits bekannten Namen „Eisbein“ abbekamen, weiß man nicht genau. Die Schweden und Norweger, *die* zu den besten Eisschnellläufern auf der Welt gehören, benutzen noch heute *diesen* Namen für *ihre* Schlittschuhe: Ilaggors. Und *das* heißt eben Eisbeine. Schon im 13. Jahrhundert schraubte ein Holländer statt Schweinsknochen eiserne Kufen unter *seine* Holzschuhe. Die Holländer, *denen* im Winter die vielen gefrorenen Flüsse und Bäche auch als Transportwege dienen, sind sehr eislaufverrückt. Eislaufen ist bei *ihnen* Volkssport Nummer eins!

**1** Die *kursiv* gedruckten Wörter sind Pronomen.
Markiere die Personalpronomen (4) blau,
die Possessivpronomen (4) rot,
die Demonstrativpronomen (4) gelb und
die Relativpronomen (2) grün.

## Anekdote

Als der amerikanische Politiker Daniel Webster (1782–1852) ein kleiner Junge war, galt er als sehr unordentlich und schmutzig. Seine Lehrerin erklärte, sie würde ihn windelweich prügeln, falls er wieder mit solch schmutzigen Händen in die Schule käme. „Daniel“, sagte sie am nächsten Tag, „heb deine Hand!“ Der spuckte sich rasch auf seine Hand, rieb sie an der Hose und hob sie hoch. „Daniel“, sagte die Lehrerin, „wenn du in deiner Klasse eine Hand findest, die schmutziger ist als diese, lass ich dich laufen!“ Da schaute er ihr treuherzig in die Augen – und hob seine andere Hand.

**2** **Welche Personal-, Possessiv-, Demonstrativ- und Relativpronomen stehen für die markierten Substantive? Markiere die Pronomen entsprechend blau, gelb bzw. grün.**

# → Verben: Partizip I – Partizip II

M

## Partizip I – Partizip II

Das **Partizip I** und das **Partizip II** sind **Verbformen**, die nach Person, Zeit und Zahl **unveränderbar** sind.
**Partizipien I** haben am Ende des Wortes ein ***-d****: gelingen**d**, lachen**d**.*
In **Partizipien II** stehen am Anfang des Wortes oft ein ***ge-***, am Ende ein ***-en*** oder ***-t***:
(ist) ***ge****lung**en***, (hat) ***ge****lach**t***.

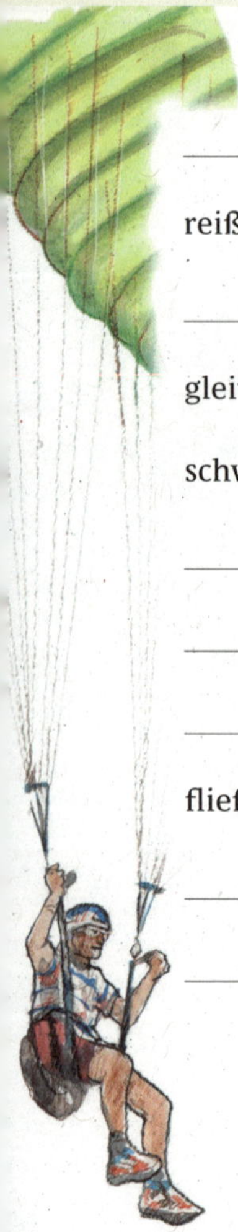

**1** Ergänze in den Lücken die fehlenden Verbformen.

| | | |
|---|---|---|
| ______ | beißend | gebissen |
| reißen | ______ | ______ |
| ______ | streitend | ______ |
| gleiten | ______ | ______ |
| schweigen | ______ | ______ |
| ______ | lachend | ______ |
| ______ | steigend | ______ |
| ______ | schießend | ______ |
| fließen | ______ | ______ |
| ______ | ______ | gefunden |
| ______ | bindend | ______ |

**2** Probiere aus, welches Partizip in die Lücken passt.
In drei Sätzen sind beide Partizipien möglich.

a) Unsere Katze ist auf den Baum *(klettern)* ______ und hat jetzt Angst, von dem *(schwanken)* ______ Ast wieder herunterzukommen.

b) Von Weitem hört man das *(tosen)* ______ Beifallsklatschen der Zuschauer.

c) Wir führten ein *(anregen)* ______ Gespräch.

d) Auf dem *(sinken)* ______ Schiff befinden sich zum Glück keine Menschen mehr.

e) Die *(schließen)* ______ Tür verhinderte das Eindringen des Diebes.

f) Das sich automatisch *(öffnen)* ______ Garagentor funktioniert nicht mehr.

g) Das *(landen)* ______ Flugzeug fing plötzlich Feuer.

h) Wir warten *(spannen)* ______ auf den Beginn des Konzerts.

## → Zeitformen in einen Text einsetzen

### Überblick über die sechs Zeitformen des Deutschen

| | | |
|---|---|---|
| **Präsens:** | ich **schlafe** | ich **wache auf** |
| **Perfekt:** | ich **habe geschlafen** | ich **bin aufgewacht** |
| **Präteritum:** | ich **schlief** | ich **wachte auf** |
| **Plusquamperfekt:** | ich **hatte geschlafen** | ich **war aufgewacht** |
| **Futur I:** | ich **werde schlafen** | ich **werde aufwachen** |
| **Futur II:** | ich **werde geschlafen haben** | ich **werde aufgewacht sein** |

M

**1** Füge in die folgenden Sätze das Verb jeweils in einer der Zeitformen ein, die unter den Linien stehen.

a) Gestern *(gehen)* ______________________ ich so durch die Stadt.
Präsens / Präteritum

b) Da *(treffen)* ______________________ ich doch plötzlich meinen alten Freund Tobias.
Präsens / Präteritum

c) Wir *(sehen)* ______________________ uns lange nicht mehr ______________________.
Perfekt / Plusquamperfekt

d) Wir *(setzen)* ______________________ uns auf eine Bank ______________________.
Präteritum / Perfekt

e) Ich fragte: „Was *(machen)* ______________________ du in der letzten Zeit so ______________________?“
Präsens / Perfekt

f) „Wir *(ziehen)* ______________________ demnächst nach Dortmund ______________________.“
Präsens / Futur I

g) „Dir *(gefallen)* ______________________ es wohl nicht auf dem Dorf ______________________?“
Präsens / Perfekt

h) „Doch, aber meine Mutter *(bekommen)* ______________________ dort
Präsens / Perfekt / Futur I
eine neue Stelle ______________________.“

i) „Deiner Freundin *(gefallen)* ______________________ das sicher nicht ______________________“, sagte ich.
Perfekt / Futur I

j) „Die *(verlieben sich)* ______________________ schon längst in einen anderen ______________________!“, sagte Tobias.
Perfekt

k) „Wenn wir *(umziehen)* ______________________,
Perfekt

l) dann *(mailen)* ______________________ ich dir mal ______________________.“
Präsens / Futur I

m) „Und ich *(besuchen)* ______________________ dich in den Ferien ______________________.“
Präsens / Futur I

# → Aktivsätze ins Passiv umformen

M

## Aktiv – Passiv

Im **Aktivsatz** steht in der Regel ein **„Täter"** an Subjektstelle: *Unbekannter Täter bestiehlt ältere Frau.*
Im **Passivsatz** steht dagegen an Subjektstelle, wer von der Tat **betroffen** ist:
*Ältere Frau wird von unbekanntem Täter bestohlen.*
In Passivsätzen wird der **„Täter"** meistens **nicht** genannt.
Übrig bleibt dann nur noch, was überhaupt geschieht und wem es geschieht: *Ältere Frau wird bestohlen.*
Das Passiv wird mit einer Form von ***werden*** und dem **Partizip II** gebildet.
Aus der **aktiven** Form des Verbs ***bestiehlt*** wird die **passive** Form ***wird bestohlen***.

**1** Forme die Sätze der Zeitungsnachricht in Passivsätze um. Beachte dabei, dass das Präsens des Passivs mit *wird*, das Präteritum mit *wurde* gebildet wird!
- Das Subjekt des Aktivsatzes, das du weglassen kannst, ist unterstrichen.
- Das neue Subjekt des Passivsatzes ist markiert.
- Auch die Überschrift solltest du im Passiv (ohne *werden*) formulieren.

**Polizei sucht Reifenstecher** ______________________

Unbekannte durchstachen in Bergstadt Reifen geparkter Autos.

*Reifen geparkter Autos wurden* ______________________

Die Besitzer bemerkten die platten Reifen meist erst im Straßenverkehr.

______________________

Dadurch verursachten die Fahrer dann oft Unfälle.

______________________

Deswegen sollten Fahrer die Autos vor dem Einsteigen kontrollieren.

______________________

Bürger von Bergdorf meldeten der Polizei bereits zwölf solcher Fälle.

______________________

Die Polizei fordert die Bürger der Stadt auf, auf Verdächtige zu achten.

______________________

Sie sollten der Polizei Auffälligkeiten umgehend melden.

______________________

Leider konnte die Polizei die Täter bisher nicht fassen.

______________________

## Konjunktiv II – Verbformen üben

### Der Konjunktiv II

Der **Konjunktiv II** wird aus dem **Präteritum** gebildet. Bei vielen Verben wird einfach ein *-e* angehängt: *ich ließ – ich ließe*.

Bei vielen Verben, die ein Präteritum mit *a, o, u* haben, wird der Umlaut gebildet: *brach – bräche, flog – flöge, musste – müsste.*

**1** Schreibe die fehlenden Formen in die Zeilen hinein.

| **Infinitiv** | **Präteritum** | **Konjunktiv II** |
|---|---|---|
| bringen | *ich brachte* | *ich brächte* |
| essen | | |
| finden | | |
| geben | | |
| gehen | | |
| gelingen | *es gelang* | |
| haben | *ich hatte* | |
| halten | *es hielt* | |
| kommen | | |
| nehmen | *sie nahm* | |
| rufen | | |
| sehen | *ich sah* | |
| sprechen | | |
| stehen | | |
| sein | *ich war* | |
| sitzen | | |
| tun | | |
| werden | *ich wurde* | |
| zwingen | *er zwang* | |

## → Konjunktiv II oder *würde*-Form?

M

### Konjunktiv II oder würde-Form?

Einige Konjunktiv II-Formen werden in der Gebrauchssprache häufig durch Umschreibungen mit ***würde*** ersetzt:
*In unserer Welt sähe es besser aus ... → In unserer Welt würde es besser aussehen ...*

In vielen Fällen sollte man aber besser den Konjunktiv II verwenden:
*Wenn sie doch bald kämen!* (nicht: *kommen würden*)

**1** Setze in die Zeilen die Verben im Konjunktiv II oder in der *würde*-Form ein, also: *fallen ließen* oder *fallen lassen würden*. Denke daran, die *würde*-Form nicht zu oft zu verwenden!

In unserer Welt sähe es besser aus, wenn wir in unserer Umgebung Abfälle nicht einfach fallen *(lassen)*

______________________________, statt sie in eine Mülltonne zu werfen, wenn wir

im kleinen Kreis den Frieden *(bewahren)* ______________________________,

wenn wir Hilfsbedürftigen mehr Aufmerksamkeit *(entgegenbringen)* ____________________

______________________________, wenn die Reichen mehr Geld für die armen

Länder *(ausgeben)* ______________________________, wenn wir gegen-

über anderen Menschen so *(handeln)* ______________________________,

wie wir selbst behandelt werden wollen; wenn wir uns immer so *(verhalten)* ____________________

______________________________, dass auch die nächsten Generationen noch eine unzer-

störte Welt vorfinden.

**2** Schreibe statt der *würde*-Formen, die *kursiv* gedruckt sind, echte Konjunktive hinter die folgenden Zeilen. Dann wird eine Art Wunschgedicht daraus. Wenn du einige Formen nicht kennst, dann schau dir noch einmal den Merkkasten auf Seite 73 an!

### Wenn ... , ja wenn ...

Wenn ich könnte, was ich ~~wollen würde~~! *wollte*

Wenn ich nur nicht so viel *sollen würde*!

Wenn ich eine Freundin *finden würde*,

mir kein Feind im Wege *stehen würde*!

Wenn genügend Geld ich *haben würde*!

Wenn mir jeder Gutes *tun würde*!

Wenn man mir nur Lob *zusprechen würde*,

keine Freundschaft mehr *zerbrechen würde*.

Wenn mir alles stets *gelingen würde*

und mich keiner zu was *zwingen würde*!

Ja, wie *würde* ich dann froh *sein*!

Aber, ach, es geht auch so!

## → Adverbien

**1** Probiere aus, an welcher Stelle im Text die folgenden Adverbien stehen können. Füge sie in die Zeilen ein. Am Satzanfang musst du die Adverbien großschreiben.

*bisschen – danach – deswegen – draußen – fast – immer – jetzt – oben – oft – sehr – so – sofort – überall – unten – vorgestern – vormittags – zusammen*

**Adverbien**

Adverbien geben an, ...
- **wann** etwas geschieht: *bald, damals, dann, gestern, zuerst;*
- **wo** etwas geschieht: *dort, hier, links, nebenan;*
- **warum** etwas geschieht: *darum, trotzdem, deshalb;*
- **wie** etwas geschieht: *beinahe, gern, irgendwie, kaum, nicht.*

M

Liebe Maren, Peine, 12. April 20..

wir sind ______________ im Schullandheim eingetroffen. Ein ______________ bin ich von dem Heim enttäuscht. ______________ riecht es muffig. ______________ habe ich ______________ alle Fenster in unserem Zimmer geöffnet. Ich fühlte mich ______________ gleich besser. Ich bin mit Steffi in einem Zimmer untergebracht. Im Etagenbett schläft sie ______________ und ich ______________. Das gefällt mir ______________, denn ______________ kann ich schneller ______________ sein. ______________ haben wir ______________ vier Stunden Unterricht. Am Nachmittag erkunden wir ______________ die Umgebung. Die ist wirklich schön. ______________ kommt Steffi. Das hätte ich ja ______________ vergessen. Wir wollen ______________ ins Dorf einkaufen gehen.

Liebe Grüße von Muna

**2** **Versuche, die kursiv gedruckten Wörter durch ein passendes Adverb zu ersetzen. Trage die Adverbien in die Zeilen ein.**

a) *Am nächsten Tag* ______________ gehen wir in den Zoo.

b) Linda wohnt in der Wohnung *neben unserer* ______________.

c) *Auf dem ganzen Hof verstreut* ______________ lagen Glasscherben.

d) Er bekommt das Poster *ohne Bezahlung* ______________.

e) *In wenigen Tagen* ______________ beginnen die Ferien.

# → Präpositionen

M

## Präpositionen

Präpositionen sind Wörter wie ***an, auf, aus, bei, durch, für, gegen, hinter, in, mit, nach, neben, ohne, trotz, über, um, unter, von, vor, während, wegen, zu, zwischen.***
Nach Präpositionen folgt in der Regel ein Substantiv: ***aus*** *dem Haus*, ***durch*** *den Tunnel.*

Dieses Substantiv steht dann:
- im **Akkusativ** *(durch den Tunnel): durch, für, gegen, ohne, um;*
- im **Dativ** *(aus dem Haus): aus, bei, mit, nach, von, zu;*
- im **Akkusativ** oder **Dativ** *(an den/dem Zaun): an, auf, hinter, in, über, unter, vor, zwischen;*
- im **Genitiv** *(trotz des Unfalls): trotz, während, wegen.*

**1** Setze in den folgenden Text passende Präpositionen aus dem Merkkasten ein.

Ein hoher Baum steht ____________________ unserem Haus. Der ist ________________ unseren Kater schon manchmal die letzte Rettung gewesen. Auch gestern. Der Kater kletterte ängstlich ________________ den Baum, denn ________________ dem Baum rannte ein Hund herum und kläffte. Der Kater saß ________________ einem Ast und blickte ängstlich herunter. Der Hund sah ________________ dem Kater hoch und wartete. Doch ____________________ einer Minute wurde es ihm zu langweilig. Er verschwand wieder ________________ seiner Hundehütte. Der Kater oben ________________ dem Baum beobachtete alles aufmerksam. Und dann sprang er, ____________________ der Gefahr, die ja immer noch bestand, ________________ den Rasen hinunter. Er rannte ________________ den Garten – und weg war er.

**2** Ergänze in dem folgenden Text die Endungen der Wörter im richtigen Fall (Akkusativ, Dativ oder Genitiv). Markiere die Präpositionen.

Manchmal geht der Kampf zwischen unser__________ Kater und d__________ Hund nicht so gut aus. Einmal versuchte der Hund, dem Kater auf d__________ Pelz zu rücken. Der Kater machte einen Buckel und setzte seine Krallen gegen d__________ Angreifer ein. Er schlug auf sein__________ Kopf und seine Nase. Während d__________ Kampf__________ gab es ein lautes Gebell und Katzengeschrei. Nach kurz__________ Getümmel gab der Hund auf. Er zog seinen Schwanz ein und flüchtete in sein__________ Hundekäfig. An sein__________ recht__________ Ohr hatte er eine Schramme. Der Kater legte sich als stolzer Sieger oben auf d__________ Käfig – und blieb auf d__________ Käfig noch lange liegen.

## Konjunktionen

**Nebenordnende** Konjunktionen wie *und, aber, oder, denn, doch, sondern, sowohl ... als ... auch, weder ... noch* stehen zwischen zwei **Hauptsätzen**:
*Der Berg ist schon von Weitem zu sehen,* ***denn*** *auf seinem Gipfel befindet sich ein Turm.*

**Unterordnende** Konjunktionen wie *dass, ob, als, während, wenn, sooft, bis, nachdem, bevor, weil, da, sodass, damit, obwohl ...* stehen zwischen **Hauptsätzen** und **Nebensätzen**:
*Die Vorstellung musste abgesagt werden,* ***weil*** *zwei Schauspieler erkrankt waren.*

**1** Schreibe die beiden Beispielsätze einmal mit der nebenordnenden und einmal mit der unterordnenden Konjunktion auf. In den Nebensätzen musst du dazu die Reihenfolge der Satzglieder verändern.

- Unterstreiche das Prädikat jeweils im zweiten Satz.
- Vergiss nicht, die Kommas zu setzen.

a) **aber / während**
Tesha findet die Popgruppe echt super. Mir gefällt die Musik nicht.

*Tesha findet die Popgruppe echt super, aber ...* __________

*Tesha findet die Popgruppe echt super, während ...* __________

b) **doch / obwohl**
Anna sollte zur Geburtstagsfeier ihres Onkels mitgehen. Sie hatte keine Zeit dazu.

__________

__________

c) **denn / weil**
Mein Bruder muss heute viel lernen. Er schreibt morgen eine Physikarbeit.

__________

__________

d) **und / sodass**
Alex hatte sich beim Laufen an der Ferse verletzt. Er kam als Letzter ins Ziel.

__________

__________

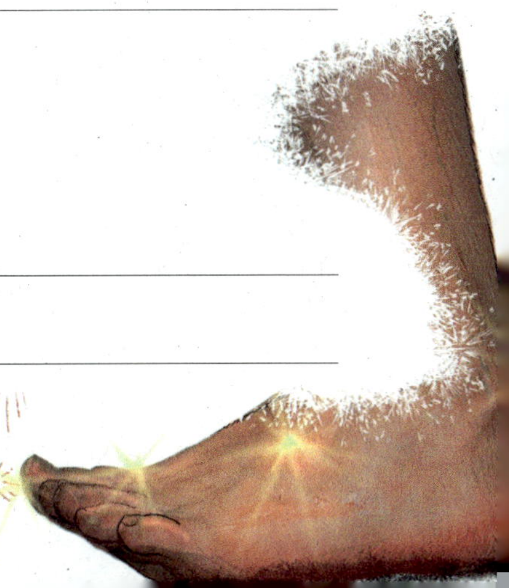

# Satzglieder umstellen – einen Text überarbeiten

M

**Die normale Reihenfolge der Satzglieder im deutschen Satz ist:**

| Subjekt | Prädikat | Adverbiale | Objekte |
|---|---|---|---|
| *Ich* | *nahm* | *letzte Woche* | *den Zug nach San Francisco.* |
| *Ich* | *benutzte* | *damals / zum ersten Mal* | *eine Eisenbahn.* |

Diese Reihenfolge gilt für **Einzelsätze**, die nicht in einem Textzusammenhang stehen.

In einem **zusammenhängenden Text** aber sieht diese Reihenfolge oft ganz anders aus. Da steht meistens am Anfang der Sätze ein Satzglied, das die Verbindung zum vorausgehenden Satz herstellt:
*Damals benutzte ich zum ersten Mal eine Eisenbahn.*

**1** Lies zuerst die ganze Geschichte durch, damit du weißt, worum es geht.

**2** Verschiebe in den Sätzen dieser Eisenbahngeschichte ein Satzglied an den Anfang, das dort besser hinpasst als das Subjekt. In einigen Sätzen sind solche Satzglieder schon unterstrichen, aus denen du dir eins auswählen kannst. Manchmal kannst du aber auch die normale Reihenfolge beibehalten.

### Eisenbahnüberfall um 1900

Ich nahm letzte Woche den Zug nach San Francisco.

*Letzte Woche nahm ich …* ________________

Ich benutzte damals zum ersten Mal eine Eisenbahn.

________________

Ich sah gut gelaunt aus dem Fenster.

________________

Ich war von der weiten Landschaft besonders begeistert.

________________

Ich betrachtete mit großen Augen die kühnen Brückenkonstruktionen.

________________

Der Zug bremste plötzlich, aber mit kreischenden Rädern ab.

________________

Er kam mit einem entsetzlichen Ruck zum Stehen.

________________

Ich wäre fast vom Sitz geschleudert worden.

Schüsse und lautes Geschrei zerfetzten die Stille.

Ich hatte ja schon öfter von Eisenbahnräubern gelesen.

Ich hatte so etwas aber nicht geglaubt.

Etwa ein Dutzend wilder Gesellen ritt am Zug entlang.

Einige drängten ungestüm in die Abteile hinein.

Ich musste auf ihre wütenden Befehle hin meine Geldbörse abgeben.

Es ging allen Passagieren genauso wie mir.

Die Räuber waren im nächsten Augenblick wieder verschwunden.

Wir waren zum Glück alle am Leben geblieben.

Ich habe mich nach der Fahrt bei der Eisenbahngesellschaft beschwert.

Ich bekam aber nur zu hören,

die Bahn könne zurzeit nichts machen.

Das war eben damals so.

## → Sätze inhaltlich aneinander anschließen

M

### Sätze inhaltlich aneinander anschließen

In einem Text ist jeder Satz eine Art **Antwort** auf den vorausgehenden Satz. Ganz vorn im Satz steht meistens ein Satzglied, das an den vorausgehenden Satz anschließt.
Weit **hinten** im Satz steht meistens ein Satzglied, das besonders **betont** wird.
*Der Zoo von Hannover hat bei seinen Besuchern eine Befragung durchgeführt.*
→ *Dabei fanden die Zooforscher* ***Folgendes*** *heraus.*

**1** Im folgenden Text sind die Satzglieder so angeordnet:
Subjekt – Prädikat – Adverbiale – Objekte.
Schreibe die Sätze so auf, dass ein gut zusammenhängender Text entsteht.

### Ergebnisse einer Untersuchung im Zoo

Der Zoo von Hannover hat bei seinen Besuchern eine Befragung durchgeführt.

die Zooforscher
fanden heraus
dabei
Folgendes

die ganz kleinen Kinder
sahen zu
am liebsten
den Seehunden

Schulkinder
beobachteten
vor allem
die Affen

Jugendliche
interessierte
am meisten
dagegen
die Fütterung der Leoparden

die Erwachsenen
sahen sich an
überraschenderweise
vor allem
die Elefanten

diese Ergebnisse
haben sehr überrascht
die Zooforscher

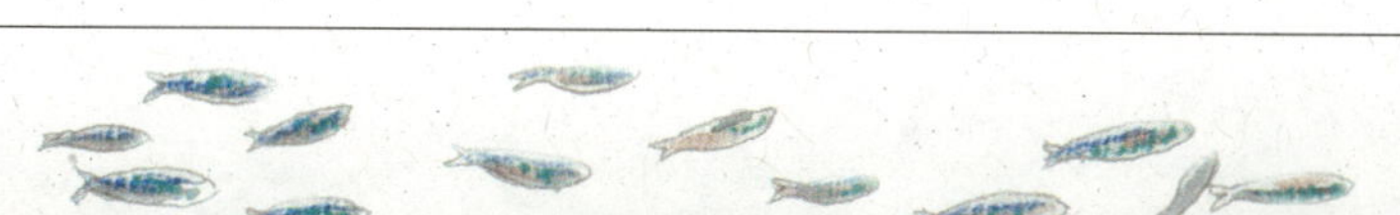

## → Einen Text nach einem Satzgliedplan schreiben

### Fledermäuse

**1** Schreibe den folgenden Text so auf, wie es die Satzgliedreihenfolge jeweils angibt.

**1.** sieht
Fledermäuse
man
besonders häufig
in der Dämmerung

Objekt – Prädikat – Subjekt – Adverbial – Adverbial

**2.** jagen
sie
dann
Insekten

Adverbial – Prädikat – Subjekt – Objekt

**3.** sieht aus
ihr Flug
etwas gespenstisch

Subjekt – Prädikat 1. Teil – Adverbial – Prädikat 2. Teil

**4.** sind
Fledermäuse
dennoch
ganz harmlos

Adverbial – Prädikat – Subjekt – Adverbial

**5.** verabscheuen
manche Menschen
trotzdem
diese Flugkünstler

Adverbial – Prädikat – Subjekt – Objekt

**6.** behaupten
einige Leute
sogar,

Subjekt – Prädikat – Adverbial

**7.** glichen
sie
Vampiren aus
Schauergeschichten

Subjekt – Prädikat – Objekt

**8.** ist
das
natürlich
unsinnig

Adverbial – Prädikat – Subjekt – Adverbial

**9.** nutzen
diese fantastischen
Insektenjäger
sogar
der Natur

Objekt – Prädikat – Subjekt – Adverbial

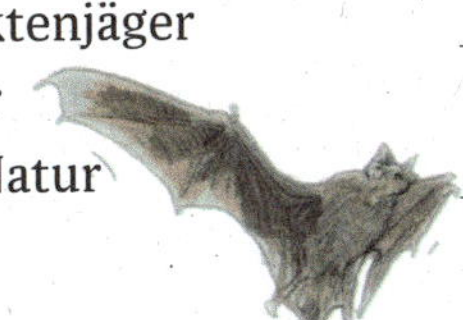

# → Das Attribut

M

## Funktion und Formen des Attributs

Um ein Substantiv **näher** zu bestimmen, kann es durch Attribute **erweitert** werden.
Attribute können **vor** und **nach** dem Bezugswort stehen.

Attribute können **vor** dem Bezugswort stehen.
Sie können folgendermaßen gebildet werden:

1. durch ein Adjektiv (*adjektivisches Attribut*):
   *Wir haben noch ein **schweres** Spiel zu bestreiten.*
2. durch ein Partizip (*Partizip-Attribut*):
   a) Partizip I: *Nach einer **hervorragenden** Leistung ist unser Volleyballteam ins Endspiel eingezogen.*
   b) Partizip II: *Grit legte die **heruntergefallenen** Äpfel in einen Korb.*
3. durch ein Pronomen (*pronominales Attribut*):
   ***Meine** Schwester beginnt im Herbst mit **ihrem** Studium.*
4. durch ein Substantiv im Genitiv (*Genitiv-Attribut*).
   ***Roberts** Krankheit dauerte mehr als drei Wochen.*

Attribute können **nach** dem Bezugswort stehen.
Sie können folgendermaßen gebildet werden:

5. durch einen Ausdruck mit einer Präposition (*präpositionales Attribut*):
   *Die Klassenfahrt **nach Berlin** hat uns allen prima gefallen.*
6. durch ein Substantiv im Genitiv (*Genitiv-Attribut*):
   *Die Entwicklung **der Fernsehtechnik** ist in wenigen Jahren sehr schnell verlaufen.*
7. durch einen Relativsatz (*Relativsatz-Attribut*):
   *Das Haus, **das jetzt repariert werden soll,** ist über 100 Jahre alt.*

**1** Unterstreiche in den folgenden Filmtiteln die Attribute.
Überlege, um welche Art von Attribut es sich jeweils handelt.
Trage dann die entsprechende Ziffer aus dem Kasten in die Zeile ein.
**Achtung:** Ein Filmtitel enthält zwei Attribute.

Ein gutes Jahr ________

Die Braut im Schnee ________

Hannas Entscheidung ________

Hoffnung für Kummerow ________

Peterchens Mondfahrt ________

Mein Sommertraum ________

Der Mann, der nach der Oma kam ________

Die Fürsten der Dunkelheit ________

Das fliegende Auge ________

Der traurige König ________

Vergessene Welt ________

Der Schatz im Silbersee ________

Im Auftrag des Drachen ________

Der Traum vom Glück ________

Dein Schicksal in meiner Hand ________

Männer, die durchs Feuer gehen ________

**2** **Die folgenden Filmtitel enthalten Attribute, deren Substantiv selbst durch ein weiteres Attribut näher bestimmt wird.
Markiere zunächst das gesamte Attribut farbig. Unterstreiche dann das Attribut in diesem Attribut.**

Der Club der toten Dichter
Die Abenteuer des tapferen Robin Hood
Die Insel am Ende der Welt
Auf der Jagd nach dem Juwel im Nil
Die Reise unter weißen Segeln

**3** Im folgenden Text sind drei Relativsatz-Attribute enthalten. Markiere sie gelb und unterstreiche das Relativpronomen.

## Das Bernburger Schloss

Die Stadt Bernburg, die an der Saale liegt, war früher die Residenz der Herzöge von Anhalt-Bernburg. 961 wurde von ihnen zunächst eine Burg errichtet. Diese Burg wurde in den folgenden Jahrhunderten dann zu einem Schloss umgebaut. Sein heutiges Aussehen erhielt das Schloss, dessen Äußeres sehr dekorativ wirkt, im Jahre 1570. Heute ist dort ein Museum untergebracht, in dem es eine beeindruckende Sammlung über Mühlen und Müller gibt.

**4** **Der Text aus Aufgabe 3 enthält noch weitere sieben Attribute. Markiere sie im Text grün.**

**5** Füge in den nächsten Beispielen den zweiten Satz jeweils als Relativsatz-Attribut in den ersten Satz ein. Dieses Relativsatz-Attribut soll gleich hinter dem markierten Substantiv stehen. Vergiss nicht, die Kommas zu setzen.

a) Beim Hafenfest gab es eine Menge verschiedener Segelschiffe zu bewundern. – Das Hafenfest hatte am letzten Wochenende stattgefunden.

______________________________________________

______________________________________________

______________________________________________

______________________________________________

b) Tausende Menschen standen in mehreren Reihen hintereinander. – Die Menschen wollten die Windjammerparade sehen.

______________________________________________

______________________________________________

______________________________________________

______________________________________________

## → Aus Textinformationen ein Balkendiagramm erstellen

# Medienbeschäftigung in der Freizeit

Jugendliche zwischen 12 und 19 Jahren wurden in der JIM-Studie 2010 danach befragt, welche Medien sie täglich oder mehrmals pro Woche benutzen. Dabei kam heraus: Für Jugendliche spielen Medien eine sehr große Rolle. Etwa neunzig von hundert Jugendlichen nutzen regelmäßig ein Handy, das Internet und den Fernseher. Auch Musik hat einen hohen Stellenwert. Achtzig von hundert nutzen regelmäßig einen MP3-Player. Aber auch das alte Radio spielt noch eine große Rolle. Für rund 75 von hundert gehört das Radio zum Alltag, und 62 % hören Musik-CDs. Auch gedruckte Medien haben ihren festen Bestand bei Jugendlichen. 44 % greifen regelmäßig zu einer Tageszeitung, und 38 % lesen regelmäßig Bücher. Etwa 35 % spielen mehrmals pro Woche Computer- oder Konsolenspiele. Digitale Fotos mit ihrer Kamera machen 31 %. Jeder zehnte Jugendliche hört einmal pro Woche ein Hörspiel. 1 % der Jugendlichen gibt an, mehrmals pro Woche ins Kino zu gehen.
Betrachtet man die tägliche Nutzung, ist das Handy (91 %) das am häufigsten verwendete Medium – noch vor dem Internet (90 %) und dem Fernseher (87 %). Unterschiede bei Jungen und Mädchen gibt es da kaum. Die bestehen vor allem bei den Computerspielen, die vor allem von Jungen gespielt werden, und beim Lesen von Büchern, was vor allem Mädchen bevorzugen.

**1** Markiere die genannten Medien und unterstreiche die dazugehörigen Zahlenangaben im Text.

**2** Übertrage die Ergebnisse aus dem Text in ein Balkendiagramm.

### Medienbeschäftigung von Jugendlichen in der Freizeit

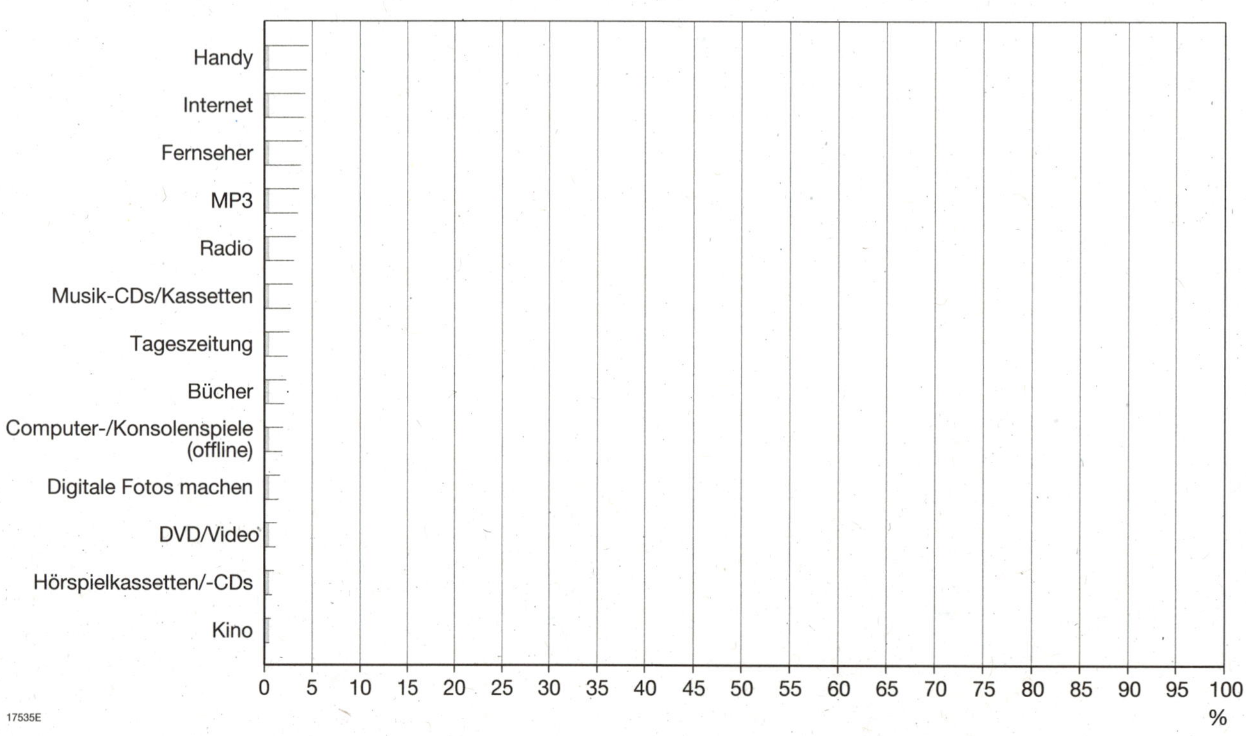

## → Einen Text kürzen

# Wetterbericht

**Dienstag, 26. Februar**

Ein ~~tolles~~ Sturmtief, das es besonders auf alte und morsche Bäume abgesehen hat, zieht über die Nordseeküste ostwärts in Richtung Schweden und wird aus manchem Wald Kleinholz machen. Es bringt etwas mildere, aber auch feuchte Luft nach Norddeutschland. Gehen Sie also nicht in den Wald! Am morgigen Vormittag ist es stark bewölkt. Hört das denn gar nicht auf? Der Regen, der auf die Straßen niederprasselt, geht am Nachmittag in wechselnde Bewölkung mit vereinzelten Schauern über. Nachts kühlt die Luft bis auf 3 Grad ab. Im wunderschönen Oberharz gibt es Temperaturen um den Gefrierpunkt. Es wird also echt kalt auf dem Schulweg. Es weht ein frischer westlicher Wind mit einigen Sturmböen, die an der See Windstärke 8 erreichen können und selbst stärkste Regenschirme zerfetzen. Am Mittwoch erreichen uns dichte Wolken und zeitweise Regen, der mit Schnee vermischt ist, fast wie im April. In höheren Lagen des Harzes ist es am Wochenende klar, und es ist voraussichtlich noch einmal super Wintersport möglich. Der Februar endet mit wechselhaftem Schauerwetter, besser gesagt: mit Sauwetter und Temperaturen um die 7 Grad.

**1** Einen solchen Wetterbericht findest du natürlich in keiner Zeitung! Streiche die Stellen durch, die nicht in einen Wetterbericht gehören. Manchmal sind es nur einzelne Wörter, manchmal ganze Sätze.

**2** **Begründe, warum ein Wort wie *tolles Sturmtief* nicht in einen Wetterbericht passt.**

___________________________________________

___________________________________________

**3** Welche der Aussagen von Schülern, die am Wochenende einen Ausflug in den Harz machen möchten, hältst du für richtig? Vergleiche mit dem Wetterbericht! Markiere die Aussagen, die mit dem Wetterbericht übereinstimmen.

a) Wir können dann im Harz ja sogar noch Schlitten fahren.
b) Im Harz ist am Wochenende nur Regenwetter. Da fahren wir nicht hin.
c) Es wird in den nächsten Tagen immer wärmer. Da können wir sogar schon barfuß gehen!
d) Es ist immer noch kalt. Besser, wir ziehen uns warm an.
e) Im Harz gehen wir am Wochenende wegen des Sturms am besten nicht in den Wald.
f) Man merkt schon, dass jetzt bald der Frühling kommt!
g) Am Wochenende scheint überall die Sonne.
h) An der Nordsee könnten wir gut unsere Drachen und Kites steigen lassen.

## → Eine Infografik lesen und auswerten

**1** Unser Klima wandelt sich, es wird immer wärmer. Und das hat Folgen für die Natur: also für Landschaft, Pflanzen, Tiere und Menschen. Lies die Infografik zum Klimareport der Europäischen Umweltagentur (EEA).

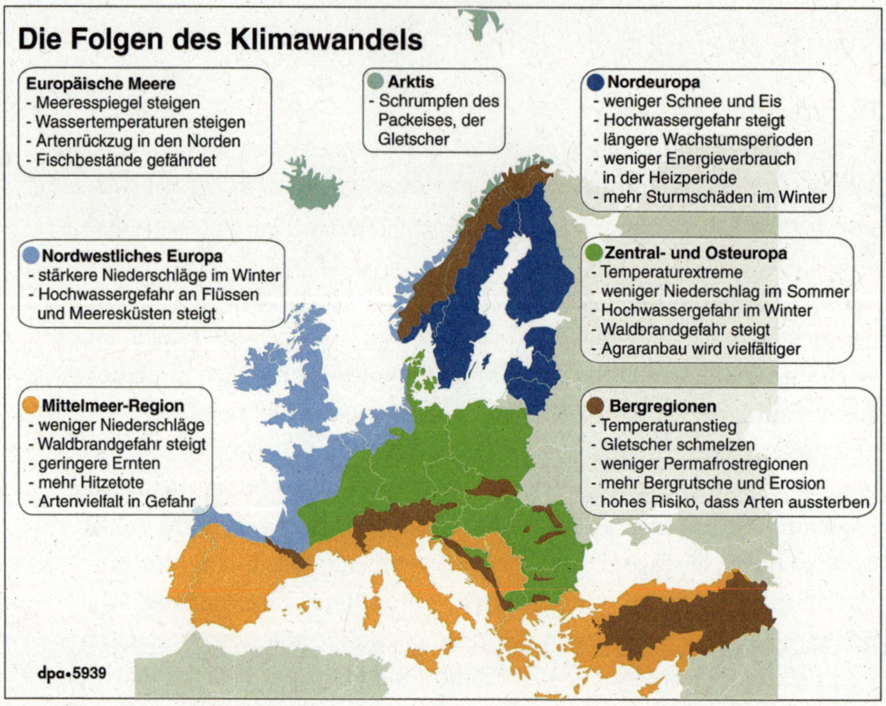


**2** Was ist für dich die wichtigste Aussage dieser Infografik? Notiere sie.

______________________________________________

______________________________________________

**3** Ordne folgenden Erklärungen Fachwörter zu: *Agraranbau, Artenvielfalt, Bergrutsch, Erosion, Gletscher, Meeresspiegel, Packeis, Permafrostregion, Temperaturextreme, Wachstumsperiode.*

a) Abtragung von Boden durch Wind, Wasser oder Frost ____________

b) auf- und übereinandergeschobene Eisschollen im Meer ____________

c) Betriebsform der Landwirtschaft: Anbau von Nutzpflanzen ____________

d) Eismassen in den Polarregionen und in Hochgebirgen ____________

e) Gebiete mit Dauerfrost ____________

f) große Zahl unterschiedlicher Tier- und Pflanzenarten in einem Gebiet ____________

g) Höhe der Meeresoberfläche ____________

h) Schlamm-, Erd- und Geröllmassen, die sich plötzlich ins Tal bewegen ____________

i) Zeit im Jahr, in der die Pflanzen in einer Region wachsen können ____________

j) sehr große Unterschiede zwischen den höchsten und tiefsten Temperaturen, die an einem Ort gemessen werden ____________

**4** Gib die zentralen Aussagen der Infografik von Seite 20 mit Hilfe dieses Textgerüstes wieder.

## Auswirkungen des Klimawandels in Europa

Die Infografik zum Klimareport der Europäischen Umweltagentur (EEA) zeigt die Auswirkungen des Klimawandels in den verschiedenen Regionen Europas. In der **Arktis** schrumpfen durch die Klimaerwärmung ________________________________________. Dadurch kommt es zu einem Anstieg des __________________________. Weil auch die Wassertemperaturen der Meere steigen, ziehen sich __________________________________________________________ zurück. Auch die Fischbestände ______________________________________.

In **Nordeuropa** gibt es dank der Klimaerwärmung zwar ____________________________________ ________________, aber die ______________________________________ steigt. Vorteilhaft ist, dass die _____________________________________________ sind und dass man ______________________________________________________________ braucht. Allerdings kommt es in Nordeuropa im Winter vermehrt zu __________________________________.

In **Nordwesteuropa** fallen im Winter stärkere Niederschläge, deshalb ___________________________ __________________________________________________________________________.

In **Zentral- und Osteuropa** verursacht die Klimaerwärmung extreme Temperaturen. Die Waldbrandgefahr steigt, weil im ________________________________________________________ fallen. Dagegen steigt im Winter die __________________________________. Aber ein Vorteil für diese Region ist, dass der __________________________________________________________.

In der **Mittelmeer-Region** fallen weniger Niederschläge. Das hat zur Folge, dass die Waldbrandgefahr steigt. Es gibt mehr ______________________, die _____________________________ werden geringer und die Artenvielfalt des Mittelmeerraumes ist ________________________________________.

In den **Bergregionen** verursacht der Temperaturanstieg, dass die _______________________________ und die Permafrostgebiete schrumpfen. Es wird vermehrt Bergrutsche und Erosionen geben. Für die Artenvielfalt der Bergregionen besteht ein ____________________________, manche Arten werden aussterben.

**5** Welche Veränderungen durch den Klimawandel betreffen deine Region?
Was hast du beobachtet, wovon hast du schon gehört oder gelesen?
Schreibe einen Text zum Thema *Die Auswirkungen des Klimawandels bei uns.*

# Quellen

## Texte

**Seite 4:** Tabelle: „Wie wichtig ist dir denn ...?“ Aus: http://www.unicef.de/fileadmin/content_media/presse/Ergebnisse_Kinderwerte_Monitor_2010__Praesentation_gesamt2.6.pdf (Seite 74), 27.11.2012

**Seite 9:** Johann Peter Hebel: Der geheilte Patient. Aus: Johann Peter Hebel. Schatzkästlein des rheinischen Hausfreundes. Digitale Bibliothek Band 1: Deutsche Literatur

**Seite 12:** Christa Zeuch: Isabel spricht nicht mehr mit mir. Aus: Mut tut gut. © Arena Verlag. Würzburg 1994

**Seite 14:** Leo N. Tolstoi: Der Sprung. Aus: Kindererzählungen, Märchen und Fabeln russischer Klassiker. Übersetzt aus dem Russischen von Manfred von Busch. Alfred Holz Verlag. Berlin 1971 München

**Seite 16:** Phädrus: Bestrafte Habgier. Aus: Schöne Fabeln des Altertums. Äsop. Phädrus. Babrios. Sammlung Dieterich, Band 168. Dieterich'sche Verlagsbuchhandlung. Leipzig 1955

**Seite 16:** Der Teufel als Brückenbauer. Aus: Arbeitstexte für den Unterricht. Deutsche Sagen. Hg. von Leander Petzold. Philipp Reclam jun. GmbH & Co. Stuttgart 1977

**Seite 17:** Originalbeitrag. Wolfgang Menzel nach Äsop

**Seite 18:** Originalbeitrag. Wolfgang Menzel nach Jean de La Fontaine

**Seite 20:** Babrios: Die Heuschrecke und die Ameisen. Nach: Einhundert Fabeln. Hamburger Lesehefte Verlag. Husum / Nordsee o. J.

**Seite 30:** Die Erziehung der Kinder. Aus: Rainer Crummenerl. Das große Arena-Buch der Indianer. Mit Bildern von Peter Klaucke. © Arena Verlag GmbH. Würzburg 1996

**Seite 33:** Rainer Crummenerl: Indianer heute: Widerstand und Hoffnung, ebd.

**Seite 38:** Zeitungsartikel über Fukushima. Aus: Dein SPIEGEL. Einfach mehr wissen. Heft Nr. 06/2011

**Seite 68:** Anita Siegfried: Eine SMS für Lola (Auszug). Aus: Ach wie gut, dass niemand weiß. Hg. von Gabrielle Alioth. Nagel & Kimche im Carl Hanser Verlag. München, Wien

**Seite 69:** Anekdote über Daniel Webster. Originalbeitrag von Günter Rudolph

## Bilder

**|akg-images GmbH, Berlin: 31.1. |Deutscher Sparkassen- und Giroverband, Berlin: 43.1. |Getty Images, München: 33.1. |laif, Köln: James Whitlow Delano 38.1; Ted Wood/Aurora 34.1. |Picture-Alliance GmbH, Frankfurt/M.: City-Press 23.1; dpa-Infografik 86.1. |plainpicture, Hamburg: Titel.(Kinder). |Süddeutsche Zeitung - Photo, München: Scherl 30.1. |www.roggenthin.de, Nürnberg: Titel.(Kletterpark).**

# → Lösungen zum Arbeitsheft „Praxis Sprache 7 Sachsen"

**Seite 4:**
Aufgabe 1:
- Es geht um die Ergebnisse einer Befragung. Die zentrale Frage lautete: „Wie wichtig ist dir denn ...?" – gefragt wurde nach zwischenmenschlichen und emotionalen Werten.
- Befragt wurden Kinder im Alter von 6–14 Jahren.
- Es wurde gefragt nach den Bereichen Familie, Freundschaft, Geborgenheit, Vertrauen, Ehrlichkeit, Zuverlässigkeit, Treue, Bildung, Gerechtigkeit, Hilfsbereitschaft, Leistungsbereitschaft, Respekt.

**Seite 5:**
Aufgabe 2:
- Die zentrale Fragestellung lautet: „Wie wichtig ist dir denn ...?" (gefragt wurde nach zwischenmenschlichen und emotionalen Werten)
- Die Befragung wurde von GEOlino und UNICEF in Auftrag gegeben.
- Die Daten beziehen sich auf 1500 Kinder in Deutschland im Alter von 6–14 Jahren.
- Die Ergebnisse werden in Prozent angegeben.
- Am wichtigsten sind für die befragten Kinder die Bereiche Familie, Freundschaft, Geborgenheit, Vertrauen.

**Seite 7:**
Aufgabe 2:
- *Lena, Louisa, Florian,* aber auch *Jonas* tragen durch ihr positives Gesprächsverhalten zur Klärung der Frage bei.
- Die Führung in der Diskussion übernimmt *Lena.*
- *Louisa, Florian* und *Lena* unterstützen andere.
- *Jonas* sagt manchmal nicht deutlich genug, was er meint.
- *Marwin* und *Lena* lenken vom Thema ab.
- *Jonas* kritisiert flapsig, bringt aber auch neue und richtige Gedanken ein.
- *Louisa* erinnert an Vergessenes.
- *Marwin* verbessert sein Gesprächsverhalten während der Diskussion.

**Seite 8:**
Aufgabe 6:
**Jonas: erster Gesprächsbeitrag**
Jonas möchte, dass zuerst geklärt wird, welche Eigenschaften ein Klassensprecher/eine Klassensprecherin überhaupt haben muss. Erst danach kann konkret über Schüler gesprochen werden, die diese Anforderungen erfüllen.

**Jonas: zweiter Gesprächsbeitrag**
Jonas meint, dass der Klassensprecher/die Klassensprecherin klug und redegewandt sein muss, um die Interessen der Klasse durchsetzen zu können.
**Jonas: dritter Gesprächsbeitrag**
Jonas schlägt Alexandra vor, weil sie sich fair verhält, zu allen in der Klasse guten Kontakt hat und ihre Mitschüler und Mitschülerinnen auch motivieren kann.

**Seite 11:**
Aufgabe 4 (mögliche Lösung):
- Am Anfang ist der reiche Amsterdamer Bürger ein bequemer Mensch, der nur untätig herumsitzt, raucht, isst und trinkt.
- Er bewegt sich nicht, isst aber unentwegt und raucht noch dazu. So wird er dick, unbeholfen und schlapp.
- Er sucht alle Ärzte in Amsterdam auf und lässt sich von ihnen unzählige verschiedene Medikamente verschreiben. Ihren Rat aber, weniger zu essen, befolgt er nicht.
- Ein weit entfernt, außerhalb Amsterdams lebender Arzt wird zu seinem Retter. Er hat einen sehr guten Ruf.
- Der Arzt heilt den reichen Patienten durch einen Trick. Da er ahnt, dass der Mann die direkte Ermahnung zu mehr Mäßigung und Bewegung nicht annehmen würde, diagnostiziert er bei ihm einen Lindwurm im Bauch. Um diesen weder zu verärgern noch zu füttern, dürfe der reiche Patient sich nur noch zu Fuß fortbewegen und müsse strenge Diät halten.
- Der reiche Patient hält sich an die Anweisungen des Arztes. Als er merkt, dass diese ihm tatsächlich helfen, und er den Trick des Mediziners durchschaut, zeigt er sich dankbar und einsichtig. Fortan achtet er auf eine gesunde Lebensweise.
- Er sieht ein, dass er nicht richtig krank war. Seine ungesunde Lebensweise hat ihn krank gemacht.

Aufgabe 5 (mögliche Lösung):
Der reiche Patient will dem Arzt damit zum einen sein Lob und seinen Dank für die ungewöhnliche, aber erfolgreiche „Behandlung" aussprechen („Ihr seid ein feiner Kauz ..."); zum anderen teilt er ihm mit, dass er den Trick jetzt durchschaut hat („... und ich versteh Euch wohl.").

**Seite 13:**
Aufgabe 1 (mögliche Lösung):
gut befreundet, gehen liebevoll miteinander um, vertraut, kümmern sich umeinander

Aufgabe 2:

**Zeile 1–2:** Genau genommen ist das seit Montagmorgen so, dass Isabel nicht mehr mit mir spricht.

Aufgabe 3:

Bestimmt ist sie sauer auf mich. Nur, mir fällt nicht ein, woran das liegen könnte. / Vielleicht hat ihr jemand etwas über mich erzählt, etwas Gemeines, Schlimmes. Und nun kann sie mich nicht mehr leiden.

Aufgabe 4:

**Zeile 39:** Nach dem Telefonieren geht es mir noch schlechter.

**Seite 15:**

Aufgabe 1:

Plötzlich sprang er auf einen zwölfjährigen Knaben zu, den Sohn des Kapitäns. Er riss ihm die Mütze herunter, setzte sie sich auf den Kopf und kletterte flink den Mast hinauf. Alle lachten, nur der Junge wusste nicht, ob er weinen oder lachen sollte. Der Affe setzte sich auf den ersten Querbalken des Mastes, nahm die Mütze ab und machte sich daran, sie mit den Pfoten und Zähnen zu zerreißen. Es war, als necke er den Knaben. Er zeigte mit den Fingern auf ihn und schnitt dabei drollige Fratzen. Der Knabe drohte ihm mit der Faust, doch der Affe zerrte noch wütender an der Mütze. Die Matrosen lachten noch lauter; der Knabe wurde rot, warf seine Jacke ab und stürzte dem Affen auf den Mast nach. In wenigen Sekunden hatte er die erste Rahe erklommen. In dem Augenblick aber, als er schon glaubte, die Mütze fassen zu können, war der Affe flinker und kletterte noch höher hinauf.

„Du entgehst mir doch nicht!", rief der Knabe und kletterte noch höher. Der Affe lockte ihn wieder zu sich und kletterte höher. Den Knaben hatte der Zorn gepackt, und er blieb ihm auf den Fersen. So erreichten die beiden in kürzester Zeit die Spitze des Mastes. Ganz oben streckte sich der Affe in seiner ganzen Länge aus, hielt sich mit der Hinterpfote an einem Tau fest und hängte die Mütze ans Ende der letzten Rahe. Er selbst erklomm die Mastspitze, schnitt dort Grimassen, fletschte die Zähne und freute sich. Die Entfernung vom Mast bis zum Ende der Rahe, an der die Mütze hing, betrug etwa drei Meter, sodass man die Mütze nicht erreichen konnte, ohne den Mast und das Tau loszulassen.

Aufgabe 2:

**Zeile 15–16:** ... der Knabe wurde rot, warf seine Jacke ab und stürzte dem Affen auf den Mast nach. In wenigen Sekunden hatte er die erste Rahe erklommen.

Aufgabe 3:

Der Junge will die Rahe entlangbalancieren, an deren Ende der Affe die Mütze gehängt hat. Das ist gefährlich, weil der Junge dafür den Mast und das Tau loslassen muss, also leicht abstürzen kann. Außerdem dürfte es für ihn sehr schwer werden, am Ende der Rahe wieder umzukehren.

Aufgabe 4:

**Zeile 39–40:** Der Knabe kam durch diesen Schrei zu sich, blickte hinunter und wankte.

Aufgabe 5 (mögliche Lösung):

Der Kapitän hat große Angst, dass sein Sohn fällt und hinunter auf Deck stürzt, was seinen sicheren Tod bedeuten würde. Weil der bereits wankende Knabe jede Sekunde fallen könnte und selbst vor Angst zu keiner vernünftigen Entscheidung fähig ist, zwingt sein Vater ihn mit dem Gewehr dazu, ins Wasser zu springen. Solch einen kontrollierten Sprung kann der Junge wenigstens theoretisch überleben.

Aufgabe 6 (mögliche Lösung):

Die Angst um das Leben seines Sohnes hatte dem Kapitän einen furchtbaren Schrecken eingejagt. Erst nachdem sein Sohn gerettet ist, löst sich die verzweifelte Angst um das Leben seines Sohnes, sodass er seinen Gefühlen freien Lauf lassen kann. Mit diesem Gefühl der Freude, das ihn vor Erleichterung und Glück weinen lässt, möchte er ganz für sich allein sein.

**Seite 16:**

Aufgabe 2:

Text **B** ist eine Sage:

- Geschichten zu auffälligen Erscheinungen oder besonderen Bauwerken
- Auftreten übernatürlicher Wesen mit besonderen Kräften
- manchmal wird von ungewöhnlichen Menschen, die wirklich gelebt haben, berichtet
- häufig werden Zeitpunkt und Ort des Geschehens genannt

Text **A** ist eine Fabel:

- Geschichten mit wörtlicher Rede
- am Anfang oder Ende steht eine Lehre
- Tiere reden, denken und handeln wie Menschen und haben menschliche Eigenschaften
- kurze Texte, in denen nichts Überflüssiges steht

**Seite 17:**

Aufgabe 1: Die Absätze müssen von oben nach unten folgendermaßen durchnummeriert werden:

**1, 5, 7, 3, 4, 2, 6.**

Aufgabe 2: Es passen die Lehrsätze c) und e).

**Seite 18–19:**

Aufgabe 1–2 (mögliche Lösung):

**1** „Geh mir aus dem Weg!", forderte die Ziege, die hinüberwollte. „Denn ich war zuerst auf dem Steg!"

**2** „Was fällt dir ein, so mit mir zu sprechen! Geh du mir aus dem Weg, denn ich bin die Ältere!"
**3** „Wenn du mich nicht vorbeilässt, dann werde ich dich in den Bach stoßen!"
**4** „Das wird dir nicht gelingen. Komm nur her! Dann wirst du im Wasser landen!"
**5** „Wenn ihr euch vernünftig geeinigt hättet, dann wärt ihr nicht ins Wasser gefallen und beinahe noch ertrunken!"
Aufgabe 3 (mögliche Lösungen):
Der Klügere gibt nach. / Wenn man nicht kompromissbereit ist, zieht man den Kürzeren. / Es ist besser, sich bei einer Auseinandersetzung vernünftig zu einigen. / Wer stur auf seinem Recht besteht, verliert selbst.

**Seite 20:**
Aufgabe 1–2 (gekürzte Fabel):
**Die Heuschrecke und die Ameisen**
Die Ameisen trugen ihren Vorrat an Korn, welcher feucht geworden war, zum Trocknen an die Sonne. Vom Duft des Getreides angelockt, kam eine Heuschrecke herzugesprungen und bettelte: „Ach, schenkt mir ein paar Körner, ich leide Not, und der Winter ist noch lang!" Einen Augenblick lang hörten die Ameisen auf zu arbeiten.
„Was hast du denn den ganzen Sommer über getan?", fragten sie.
„Ich musste so viel singen", antwortete die Heuschrecke, „da hatte ich keine Zeit, Vorräte für den Winter zu sammeln."
„Wenn du den Sommer singend verbrachtest", sagten die Ameisen, „so kannst du nichts Besseres tun, als jetzt im Winter zu tanzen."
Aufgabe 3: Es passen die Lehren a), c) und d).

**Seite 21:**
Aufgabe 1–2 (mögliche Lösung):
**Der Wolf und die Krähe**
Der Wolf war hungrig, weil er seit vielen Tagen keine Beute gemacht hatte. Da sah er eine Krähe auf einem hohen Baum sitzen, die laut krächzte. Die wollte er überlisten und fressen.
„Wie schön du singen kannst", rief der Wolf zur Krähe hinauf. Dies hörte die Krähe gerne, denn sie war eitel und freute sich über jedes Kompliment. Sogleich ließ sie ihr Gekrächze wieder hören, um dem Wolf zu gefallen.
Da schmeichelte ihr der Wolf noch einmal. „Kein Vogel singt so wunderschön wie du!", sagte er. Und hinterlistig fuhr er fort: „Doch leider bin ich schon alt und höre nicht mehr so gut. Komm doch zu mir hinunter, damit ich deinen Gesang besser hören kann."
Weil die Krähe von den Komplimenten des Wolfs nicht genug bekommen konnte, flog sie zu ihm hinunter. Doch als sie erneut zu singen anhob, schnappte sie der Wolf und fraß sie auf.
**Lehre:** Eitelkeit macht blind.

**Seite 22:**
Aufgabe 1 (mögliche Lösung):
**Pro-Argument:**
**Behauptung:**
Ich bin der Meinung, dass es an allen Schulen Getränkeautomaten mit Cola und Limo geben sollte.
**Begründung:**
Diesen Standpunkt vertrete ich, weil ich Cola und Limo gerne trinke. Ich finde es außerdem nicht schlimm, hin und wieder mal ein zuckerhaltiges Getränk zu trinken. Wenn es in der Schule keinen Getränkeautomat mit Limo und Cola gibt, dann bringen viele Schüler sich das eben von zu Hause mit.
**Beispiel:**
In meiner Klasse bringen mehr als die Hälfte der Schüler Cola oder Limo mit zur Schule.

**Contra-Argument:**
**Behauptung:**
Ich bin der Meinung, dass es an Schulen keine Getränkeautomaten mit Cola und Limo geben sollte.
**Begründung:**
Diesen Standpunkt vertrete ich, weil Cola und Limo wegen des hohen Zuckergehalts ungesund sind. Außerdem habe ich gelesen, dass Kinder und Jugendliche immer dicker werden, weil sie zu viel Cola und Limo trinken. Die Schule muss die Schüler zu einer gesunden Ernährung erziehen. Darum bin ich gegen Getränkeautomaten mit zuckerhaltigen Getränken in der Schule. Besser wäre ein Getränkeautomat mit Mineralwasser, Tee und Milch.
**Beispiel:**
Ich kenne einen Jungen, der ist regelrecht colasüchtig. Der trinkt jeden Tag mindestens drei Liter Cola. Das hat dazu geführt, dass er stark übergewichtig ist.

**Seite 23:**
Aufgabe 1:
In allen Meldungen geht es um unfaires Verhalten im Sport: Doping, Gewaltanwendung und Foulspiel.
Aufgabe 2 (mögliche Lösung):
- Sportler verhalten sich unfair, wenn sie unbedingt gewinnen wollen, dies aber aus eigener Kraft bzw. auf fairem / gewaltfreiem Wege nicht schaffen. Sie wollen besser sein, als es ihnen ihr Können erlaubt. Vielleicht haben sie nicht genug trainiert und wollen dies ausgleichen. Zu Foulspiel kann es auch „im Eifer des Gefechts" kommen, also ungeplant, um eine

Situation – koste es, was es wolle – zu retten oder für sich zu entscheiden.
- Im Sport geht es um ehrlich erkämpfte Leistungen, um den Vergleich von sportlichem Können. Dabei muss es Regeln geben, die für gleiche und gerechte Bedingungen sorgen, sonst werden Wettkämpfe beliebig und sinnlos.

**Seite 25:**
Aufgabe 4–6 (mögliche Lösung):
**Argument 3**
**Überleitung / Behauptung:** Außerdem wird man nur durch das Einhalten der bestehenden Regeln von der Mannschaft und der Öffentlichkeit respektiert und anerkannt, **(Begründung)** denn fast jeder weiß, wie schwer Bestleistungen zu erreichen sind. **Beispiel:** Ein gutes Beispiel dafür ist Henry Maske, der auch als der Gentleman im Boxring bezeichnet wurde, weil er sich stets absolut fair verhielt. Durch hartes Training, viel Disziplin und Talent wurde er mehrfacher Boxweltmeister und Sportler des Jahres.
**Folgerung:** Solche echten Vorbilder bleiben unvergessen und werden auch von vielen Sponsoren unterstützt.
**Argument 4**
**Überleitung / Behauptung:** Nicht zu vergessen ist beim Sport aber auch, dass man sich nur über fair erreichte Siege richtig freuen kann, **(Begründung)** weil sich dann alle Anstrengungen gelohnt haben und man wirklich der Beste ist.
**Beispiel:** Wenn man beispielsweise jedoch durch Bestechung des Schiedsrichters oder durch Doping gewonnen hat, **(Folgerung)** dann bleiben immer das schlechte Gewissen und die Angst, dass alles entdeckt wird.
**Argument 5**
**Überleitung / Behauptung:** Besonders hervorzuheben ist aber, dass durch das Einhalten von Fair Play jeder Wettkampf bzw. jedes Spiel überhaupt erst möglich wird. **Begründung:** Denn gäbe es keine Regeln, könnte jeder machen, was er wollte.
**Beispiel:** Es könnten beispielsweise Linien übertreten und Bälle unerreichbar ins Aus gespielt werden, ohne dass dafür eine Strafe erteilt würde.
**Folgerung:** Dadurch würde der Sport sinnlos.
**Schluss**
*Folgerung aus allen Argumenten:* Aus den angeführten Argumenten geht eindeutig hervor, dass es keine Alternative zu Fair Play im Sport gibt. Wer Spaß daran haben, echte Siegerfreude verspüren und anerkannt werden will, kann dies nur über Fair Play erreichen.

**Seite 26:**
Aufgabe 1:
Die Kinder diskutieren darüber, ob es richtig ist, die Mittagspause in der Schule zu verlängern, und welche Vor- und Nachteile das mit sich bringen würde.
Aufgabe 2:
Soll die Mittagspause in der Schule verlängert werden oder nicht?

**Seite 27:**
Aufgabe 5:
mehr Zeit zum Essen
Aufgabe 6:
Lehrer entspannter
Aufgabe 7 (mögliche Lösung):
... wie zum Beispiel Unterrichtsmittel bereitstellen oder wegräumen, kopieren, Absprachen mit Eltern, Schülern oder Kollegen treffen ...
Aufgabe 8:
Dass es ein Contra-Argument ist, wird sprachlich an der einschränkenden Formulierung „aber auch" im ersten Satz deutlich, ebenso im Beispiel an den Wörtern „erst" und „nicht vor". Inhaltlich geht es darum, dass sich der Schulschluss für die Kinder durch eine verlängerte Mittagspause nach hinten schieben würde.
Aufgabe 9 (mögliche Lösung):
So kommen die Kinder erst später nach Hause und haben dort weniger freie Zeit.

**Seite 28:**
Aufgabe 10 (mögliche Lösung):
**Beispiel:** Endet nämlich der Unterricht eine halbe Stunde später und muss ein Schüler dann vielleicht lange auf den nächsten Bus warten, kann sich seine Heimkehr gut um eine volle Stunde verschieben. Sporttraining im Verein oder private Musikstunden finden aber zu festen Zeiten statt, die für Einzelne nicht ohne Weiteres verschoben werden können.
**Folge:** So kann es passieren, dass einige Kinder durch den späteren Schulschluss auf ihre Hobbys verzichten müssen.
Aufgabe 11:
**Pro-Argument 3**
Eine verlängerte Mittagspause wäre auch eine echte Erholungsphase, weil man ja in der Mittagspause nicht nur zum Essen gehen möchte. Man hätte dann noch Zeit übrig, um sich zum Beispiel auszuruhen, den Fachunterrichtsraum zu wechseln oder Arbeitsmittel aus dem Spind zu holen. Das könnte man alles in Ruhe erledigen und sich noch mit Freunden verabreden.
**Contra-Argument 3**
Die Verlängerung des Unterrichtstages bringt für einen großen Teil der Schüler Probleme für den Nach-

hauseweg mit sich. Da viele Schüler auf die öffentlichen Verkehrsmittel angewiesen sind, erreichen sie unter Umständen den Bus oder die Bahn nicht mehr. Dadurch entstehen lange Wartezeiten und sie kommen erst viel später nach Hause.
Aufgabe 12:
**Pro:** mehr Zeit zum Essen, entspanntere Lehrer, echte Erholungsphase für Schüler
**Contra:** 30 Minuten später Unterrichtsschluss, kein pünktliches Hinkommen zu Training o. Ä. am Nachmittag, lange Wartezeiten auf Bus und Bahn

**Seite 29:**
Aufgabe 15:
Diese Einleitung beginnt mit einem aktuellen Ereignis aus der Schule („Zurzeit wird in unserer Schule ..."), bevor die Problemfrage benannt wird („Es geht darum, ob die Mittagspause ...").

**Seite 31:**
Aufgabe 4 (mögliche Lösung):
a) Wer erzieht die Kinder?
b) Die Tragwiege
c) Namensgebung
d) Namenswechsel
e) Strenge Erziehung
f) Beschäftigung von Jungen und Mädchen
g) Mädchen lernen Hausarbeiten
h) Abhärtung der Jungen
i) Der Kreis der Männer

**Seite 32:**
Aufgabe 5:
**Zeile 14–22:** Kinder wurden nach Tieren, Pflanzen oder Naturereignissen am Tag ihrer Geburt benannt. Speziell Jungen erhielten auch Namen, die an tapfere Taten ihrer Verwandten erinnerten. Diese sollte dem Kind Kraft geben.
Aufgabe 6:
Die Tragwiege konnte ...
a) ... als Rucksack genutzt werden. (Zeile 9–10)
b) ... an einem Baum befestigt werden. (Zeile 11)
c) ... im Tipi als Kinderbett dienen. (Zeile 11–13)
Aufgabe 7:
**Mädchen ...**
... spielten mit Puppen, Tragwiegen, Spielzeugtipis. (Zeile 39–41)
... gingen später in eine Art „Lehre", um Hausarbeiten zu lernen. (S. 45–47)
... waren für jüngere Geschwister verantwortlich. (Zeile 48–49)
**Jungen ...**
... erhielten mit drei oder vier Jahren Pfeil und Bogen. (Zeile 38–39)
... hatten mehr Freiheiten, waren viel draußen in der Natur und gingen mit dem Vater auf die Jagd. (Zeile 50–54)
... mussten Mutproben bestehen, um in den Kreis der Männer aufgenommen zu werden. (Zeile 61–64)
Aufgabe 8 (mögliche Lösung):
Es gibt noch Unterschiede: Oft bekommen Mädchen eher Puppen und Stofftiere geschenkt, Jungen Spielzeugautos und Bauklötze. Wenn Mädchen weinen, werden sie getröstet; Jungen bekommen zu hören: „Indianer kennen keinen Schmerz". Manchmal werden die Mädchen stärker dazu angehalten, im Haushalt zu helfen, als die Jungen.

**Seite 35:**
Aufgabe 3:
Der Sachtext „Indianer heute: Widerstand und Hoffnung" von Rainer Crummenerl handelt von den Protestaktionen, mit denen die Indianer in den USA und Kanada seit 1969 auf ihre Rechte aufmerksam machen.
Aufgabe 6 (mögliche Lösung):
Der Begriff „Widerstand" bezieht sich auf die Protestaktionen der Indianer, zum Beispiel die Besetzungen von Alcatraz und Wounded Knee. Auch der Kampf um die Skelette der Vorfahren sowie gegen den Golfplatz in Oka gehört dazu. „Hoffnung" haben die Indianer insofern, als dass sie seit 1968 organisiert sind (AIM) und dadurch Erfolge erzielen. So haben sie sich gegen die Museen durchgesetzt und eigenes Land in Kanada erhalten.
Aufgabe 7:
Absatz 1, Zeile 1 bis 8: American Indian Movement
Absatz 2, Zeile 9 bis 26: Besetzung von Alcatraz
Absatz 3, Zeile 27 bis 46: Gesetzesbeschlüsse nach Protesten
Absatz 4, Zeile 47 bis 58: Kampf gegen Museen
Absatz 5, Zeile 59 bis 71: Kanada: Bedrohung durch den Golfplatz
Absatz 6, Zeile 72 bis 80: Eigenes Land: Nunavut
Absatz 7, Zeile 81 bis 90: Befürchtungen der Indianer
Absatz 8, Zeile 91 bis 100: Problem der Indianerbewegung
**gestrichene Überschriften:** Leben in der Reservation, Bürger zweiter Klasse

**Seite 36:**
Aufgabe 8:
a) ... dem Abschluss des Vertrages, der eine Rückgabe ungenutzten Landes an die Ureinwohner vorsieht, ...

b) weniger Mitspracherecht bei Verhandlungen mit der Regierung
c) Nach einem Vertrag von 1868 sollten die Sioux ungenutztes Land zurückbekommen.
d) durch die Besetzung von Wounded Knee

**Seite 38:**
Aufgabe 2:
Der Zeitungsartikel berichtet von dem schweren Erdbeben und mehreren Tsunamis in Fukushima, Japan, und deren Folgen für ein 12-jähriges Mädchen namens Karen Sato.
Aufgabe 3 (mögliche Lösungen):
Schwere Katastrophe im Osten Japans, Erdbeben und Tsunamis in Japan, Rettung in der Schule, Die Gewalt der Natur
Aufgabe 4:
**Was:** Erdbeben (9,0 $M_W$) und Tsunamis zerstörten weite Teile des Landes → Kernschmelze im Kernkraftwerk
**Wann:** Freitag, 11. März 2011
**Wo:** östliches Japan, Fukushima
**Wer:** Karen Sato (12) und ihre Familie, Karens Lehrerin und Klasse
**Wie:** überraschendes Beben im Musikunterricht, Schutz unter Tischen, Flucht auf den Schulhof, Versammlung vieler Menschen in der Schule (höchster Punkt der Stadt), Übernachtung in Notunterkunft
**Folgen:** 16 000 Tote, zerstörte und weggeschwemmte Häuser, Karen verlor drei Klassenkameraden

**Seite 39:**
Aufgabe 5:
Mein Name ist **Karen** Sato, ich bin **zwölf** Jahre alt und lebe in Japan, in der Gegend, die erst von einem **Erdbeben**, dann von Tsunamis verwüstet wurde und in der nun ein leckgeschlagenes Atomkraftwerk steht. Bis zum **11. März** 2011 führte ich ein ganz normales Leben. (...) Ich war gerade in der **Schule**, wir hatten Musikunterricht, und plötzlich begann die **Erde** zu beben. In **Japan** sind Erdbeben keine Seltenheit, deshalb üben wir im Unterricht, wie wir uns zu verhalten haben. Wir sollen unter **die Tische** kriechen, damit uns Decken- oder Mauerteile nicht verletzen können. (...) Es kam mir so vor, als ob das Beben **Stunden** dauern würde, auch wenn es nur wenige Minuten waren. Als es endlich vorbei war, liefen wir zusammen mit unserer **Lehrerin** ins Freie.
Aufgabe 6 (mögliche Lösung):
Meine Familie kam bald darauf – wie viele andere Menschen auch – zur Schule, da diese der höchste Punkt unserer Stadt war. Dort konnten wir uns am besten vor den Wassermassen schützen, die durch das Erdbeben ausgelöst worden waren. Zum Glück war genug Platz für uns in der Turnhalle, die zur Notunterkunft umfunktioniert wurde. Ich konnte zwar vor Aufregung gar nicht gut schlafen, doch immerhin wurden wir tatsächlich vom Tsunami verschont. Das Wasser ging am Ende der Nacht auch wieder zurück, sodass wir endlich wieder nach Hause fahren konnten. Der Weg dorthin war schrecklich, da man überall zerstörte Häuser sah. Manchmal waren die Häuser auch komplett weggeschwemmt worden. Dann entdeckte ich nur noch eine leere Fläche dort, wo noch gestern ein Haus gestanden hatte! Meine Familie hat jedoch riesiges Glück gehabt: Lediglich das Dach unseres Hauses war kaputt, die Mauern standen noch.
Was aber furchtbar ist: Auf den ersten folgten noch weitere Tsunamis, durch die viele Bewohner unserer Stadt ihr Leben verloren haben. Unter anderem auch drei meiner Klassenkameraden, was mich sehr traurig macht ...

**Seite 41:**
Aufgabe 2: Richtig sind folgende Aussagen:
Der Bericht ist in verschiedenen Zeitformen geschrieben, z. B. im Präsens und Präteritum.
Bei diesem Tagebucheintrag handelt es sich um einen Erlebnisbericht.
Der Text steht in der Ich-Form.
Jan berichtet subjektiv, er beschreibt also auch seine Gefühle.
Aufgabe 3:
*diesen besonderen Tag* (Zeile 2), *stolz* (Zeile 5), *Ich bin immer noch ganz aufgekratzt!* (Zeile 6–7), *Vom DFB!* (Zeile 9), *den Trainer (!!!)* (Zeile 18), *Mann, war ich aufgeregt!* (Zeile 24), ... *fangen meine Beine wieder an zu zittern!* (Zeile 25–26), *vom Manager (!)* (Zeile 27), *wow* (Zeile 30), *Höhepunkt* (Zeile 37), *Das werde ich nie vergessen! Und Poldi meinte sogar, ich hätte Talent!* (Zeile 38–39), ... *vielleicht habe ich ihnen ja Glück gebracht?!* (Zeile 42), ... *der glücklichste und aufregendste Tag meines Lebens!* (Zeile 43)
Aufgabe 4:
Jan fühlt sich beim Schreiben in die Situation zurückversetzt und steigert durch den Zeitenwechsel noch die Spannung. Der Leser hat das Gefühl, die Situation persönlich miterleben zu können.
Aufgabe 5:
**Wer:** Jan S. und sein Vater sowie Manager, Trainer und Spieler der deutschen Fußball-Nationalmannschaft
**Wo:** in Berlin
**Wann:** am 1. Juli
**Wie:** Jan S. und sein Vater treffen am Stadion ein, werden vom Manager empfangen, dürfen sich den Trainingsbereich ansehen und Fragen stellen; Jan spielt mit Klose und Podolski Fußball

**Folgen:** Jan ist begeistert, möchte sich zukünftig beim Fußballtraining noch mehr anstrengen, um vielleicht Profi zu werden

**Seite 42:**
Aufgabe 6 (mögliche Lösung):
**Siebtklässler kickt mit Nationalspielern**
**Dresden.** Nachdem Jan S. aus Dresden im vergangenen Monat das Fußballquiz unserer Zeitung erfolgreich gelöst hatte, gewann er den Hauptpreis und durfte mit seinem Vater die deutsche Fußball-Nationalmannschaft in Berlin besuchen. Kurz vor ihrem WM-Qualifikationsspiel gegen Frankreich am 1. Juli empfing die Mannschaft samt Nationaltrainer und Manager den 12-jährigen Schüler im Olympiastadion. Dort durfte Jan sich die Spielerkabine einmal genauer ansehen, mit seinen Idolen sprechen, viele Fragen stellen und am Ende sein fußballerisches Talent unter Beweis stellen: Mit Miroslav Klose und Lukas Podolski spielte er sich gekonnt den Ball zu. Der Jugendliche, der auch in Dresden regelmäßig Fußball spielt, kündigte an, zukünftig noch emsiger zu trainieren, um eines Tages womöglich auch als Fußballstar Deutschland im Stadion vertreten zu können.

**Seite 44:**
Aufgabe 4:
richtig: 2, 3, 5, 6, 7, 8, 10
falsch: 1, 4, 9
Aufgabe 5 (mögliche Lösung):
**Die Sparkassen-Werbeanzeige mit dem Weißen Hai**
Diese Werbeanzeige habe ich in unserem Arbeitsheft entdeckt. Meiner Meinung nach richtet sich die Anzeige an Erwachsene. Sofort beim ersten Hinsehen ist mir der Eye-Catcher der Anzeige aufgefallen. Es ist ein riesiger Weißer Hai in einem Aquarium.
Vor dem Aquarium lehnt ein Junge mit ausgebreiteten Armen an der Scheibe und schaut den Hai direkt an. Der Weiße Hai wirkt auf mich bedrohlich, und er macht mir Angst. Der Junge vor dem Aquarium hat scheinbar keine Angst. Er steht jedenfalls ganz entspannt an der Scheibe. Bei den Farben ist mir aufgefallen, dass das Werbebild schwarz-weiß ist. Das finde ich ungewöhnlich. Als einzige Farbe gibt es die Farbe Rot in der Anzeige. Der große Kasten unter dem Werbebild ist zum Beispiel rot. Da alles andere schwarz-weiß ist, sticht einem das intensive Rot sofort ins Auge.
In dem roten Kasten stehen das Sparkassen-Logo und der Slogan. Der Slogan lautet: „Gut, wenn man auf der sicheren Seite ist. Die Versicherungen der Sparkasse“. Dieser Slogan enthält die Redensart „auf der sicheren Seite sein“. Außerdem nennt der Slogan das Produkt. Es wird nämlich hier für Versicherungen geworben. Ich glaube, die Werbeleute wollen mit dem Weißen Hai und dem Slogan sagen, dass es überall Gefahren gibt und dass man sich gegen diese Gefahren mit Versicherungen schützen soll. Die Werbeanzeige hat aber noch einen kleinen roten Kasten. Darin steht eine Aufforderung an den Leser. Der Leser soll sich nämlich bei der Sparkasse beraten lassen. Wahrscheinlich soll er nach der Beratung eine Versicherung abschließen.
Im unteren Anzeigenteil steht ein kurzer Infotext. Der weist darauf hin, dass es Gefahren gibt, vor denen nur die Versicherungen der Sparkasse schützen können.
An dieser Werbeanzeige gefällt mir das Werbebild mit dem Hai im Aquarium besonders gut. Aber ich habe auch etwas zu kritisieren. Mir gefällt nämlich nicht, dass dem Leser mit dem Weißen Hai Angst gemacht wird, damit er eine Versicherung abschließt.

**Seite 46:**
Aufgabe 2:
Diese Anzeige überrascht uns mit einer sehr locker und bequem sitzenden Freiheitsstatue, die ganz entspannt ein Buch in der Hand hält und liest. So kennt man sie nicht – und das genau ist der Eye-Catcher, der uns überrascht und damit unsere Aufmerksamkeit auf sich zieht.
Aufgabe 3:
**Eye-Catcher:** Die entspannt und gemütlich sitzende und lesende Freiheitsstatue
**Firmen-Logo:** Süddeutsche Zeitung
**Haupt-Slogan:** In jeder großen Stadt steckt ein großer Roman.
**Neben-Slogan:** Seien Sie anspruchsvoll.
**Wecken von Interesse in die Zukunft hinein:**
Erfahren Sie mehr am 24.4. in Ihrer Süddeutschen Zeitung.

**Seite 47:**
Aufgabe 5:
Beispiele für mögliche Slogans:
Reise mit mir! /
Reisen pur. /
Sei weise – mach eine Städtereise. /
Handlich. Anschaulich. Informativ. /
Wir haben Lesefutter für Reisehungrige. /
Lieber Globetrotter als Globetrottel! /
Du hast eine Traumstadt? – Wir haben den Reiseführer!
Aufgabe 6 (mögliche Lösung):
Unsere Reihe „Großstadt-Reiseführer“ ist ab sofort für alle Traum-Großstädte erhältlich. Ob Barcelona, New York, Berlin, Rom oder Peking – wir haben den richtigen Reiseführer für Sie. Neben zahlreichen Insider-Tipps und beeindruckenden Farbfotos finden Sie

in jedem Band einen ausfaltbaren Stadtplan mit den wichtigsten Sehenswürdigkeiten, den schönsten Hotels und den besten Restaurants. Dazu gibt es zahlreiche Hintergrund-Infos zu Geschichte und zur Kultur Ihrer Traumstadt.
Sie möchten sich über unsere Großstadt-Reiseführer näher informieren? – Weitere Infos finden Sie unter www.großstadtreisefuehrerexcellent.de im Internet.

**Seite 48:**
Aufgabe 1:
**silbentrennendes h:** Zehe, Rasenmäher, Schraubenzieher, Truhe, verleihen, fähig, sehenswert, umziehen, wehen
**Dehnungs-h:** Ausnahme, Belohnung, Bohnen, Druckfehler, Eckzähne, einnehmen, erfahren, aushöhlen, führen
**kein h:** sparen, spüren

**Seite 49:**
Aufgabe 2:
**Eine nette Geste**
Gestern war es *ungefähr* halb *zehn*. Ich stand am Fenster und *sah* auf die Straße. Noch immer herrschte <u>starker</u> *Verkehr*. Plötzlich <u>fiel</u> mir etwas auf. Eine alte Frau wollte die *Fahrbahn* <u>überqueren</u>. *Mehrere* Male hatte sie es <u>schon</u> probiert. Doch immer wieder *näherte* sich von rechts oder links ein *Fahrzeug*, sodass sie große *Mühe* hatte, auf den gegenüberliegenden *Gehweg* zu gelangen. In dem Moment *fuhr* ein *Radfahrer* um die Ecke. Er bemerkte die alte Frau, hielt an, *nahm* sie an die Hand und *führte* sie hinüber. Über diese nette Geste war die alte Frau *sehr froh*.

**Seite 50:**
Aufgabe 1:
**stimmhaftes s immer als s:** besonders, Insel, Wiese, Felsen, grasen, verweisen, Gänse, verlosen, <u>reisen</u>
**stimmloses s nach langem Vokal als ß:** grüßen, heißen, äußerst, Soße, Klöße, abgießen, Größe, versüßen, <u>reißen</u>
**stimmloses s zwischen zwei kurzen Vokalen immer als ss:** Drossel, entlassen, fassen, passen, verbessern, bissig, Blässe, müssen
Aufgabe 2: Knoße – die Soße, Schnasse – die Masse, Blüße – die Süße, Quösser – die Schlösser

**Seite 51:**
Aufgabe 3:
die Gase – das Gas, wir lasen – ich las, wir bliesen – ich blies, die Kreise – der Kreis, wir niesen – sie niest, die Lose – das Los, die Klöße – der Kloß, die Späße – der Spaß, wir aßen – ich aß, wir ließen – ich ließ, wir sind fleißig – der Fleiß, die großen Leute – groß, die heiße Milch – heiß, die Moose – das Moos
Aufgabe 4:
**Im königlichen Palast**
Zu allen Zeiten musste am englischen Königshof alles nach Protokoll ablaufen. Von den 300 Angestellten wird äußerste Präzision verlangt. Wehe, es vergisst jemand etwas! So darf z.B. ein Diener niemals das Lineal vergessen, mit dem er den Abstand von Messern und Gabeln nachmessen kann. Ob einer der Gäste wirklich weiß, dass sogar der Abstand zwischen den Rosenkohlröschen auf dem Teller gleich groß sein muss? Was für dieses Gemüse zutrifft, gilt auch für die Diener: Keiner von ihnen darf größer sein als 1,75 Meter!
Interessant ist auch, dass die 26 Zimmermädchen eines genau wissen: Niemals darf es passieren, sich beim Putzen eines Zimmers oder Bades von der Königin überraschen zu lassen. Notfalls muss das Mädchen sich sogar irgendwo verstecken. Die Königin darf keinen Hinweis darauf bekommen, wer ihr Zimmer sauber macht.

**Seite 52:**
Aufgabe 1:
Betonklotz, Sahneklecks, Jagdfalke, Bärentatze, Schulranzen, Regenwolke
Eisenbahnschranke, Volkstanz, Affenhitze, Heuschrecke, Bettdecke, Kinderarzt
Aufgabe 2:
Deutz: 2, Preetz: 2, Eickeloh: 2, Laucken: 2, Bentzin: 1, Glietz: 2, Koblenz: verstößt gegen keine Regel, Kassieck: 2, Falckenstein: 1

**Seite 53:**
Aufgabe 3:
Kor|ken, schnit|zen, äch|zen, glän|zen, We|cker, trin|ken, blö|ken, Ker|ze, Wal|ze, Rü|cken
Aufgabe 4:
Glocke, Fackel, Sakko, Zacken, Flocken, Akkusativ, Akkordeon, Stütze, Pizza, Mütze, Fratze, Skizze, Razzia, Puzzle
Aufgabe 5:
Geburtstagsgeschenke, Musik-CD, spitze, Stelzen, Pfütze

**Seite 54:**
Aufgabe 1:
a) Moritz ist *vom Laufen (2)* ganz müde geworden.
b) *Intensives Trainieren (4)* lohnt sich immer.
c) Lisa fällt *das Lernen (1)* leicht.
d) Florian, *dein Lachen (3)* ist wirklich ansteckend.
e) Lotte will uns heute Abend *besuchen*.

f) Jeden Morgen weckt uns *lautes Bellen (4)*.
g) *Beim Lernen (2)* konzentriert sich Franz.
Aufgabe 2:
**Jeden Morgen dasselbe!**
Das *Warten* auf den Schulbus ist jeden Morgen eine echte Freude. Wird er heute pünktlich *kommen*? Beim *Einsteigen* beginnt dann das große *Drängeln*. Der Fahrer will, dass wir uns dabei auch noch *beeilen*. Einen Platz zum *Sitzen* kann man vergessen.
An der nächsten Haltestelle beginnt wieder das *Schieben* und *Stoßen*. Man ist immer in Bewegung: Beim *Anfahren* kippt man nach hinten, beim *Bremsen* rutschen alle nach vorn. Nach dem *Aussteigen* weiß man: Das *Fahren* im Bus ist so schön!

**Seite 55:**
Aufgabe 1:
nichts Alltägliches, etwas Außergewöhnliches, das Beste, ins Grüne, ihr Grün, nichts Schöneres, etwas Blödes
Aufgabe 2:
Wir bieten Köstliches aus dem fernen Asien. Die Speisen sind vom Feinsten für den anspruchsvollen Geschmack. Für unsere Gäste ist das Beste gerade gut genug.

**Seite 56:**
Aufgabe 1 (mögliche Lösungen):
**am Abend:** am Sonntag, am Morgen, am Dienstag, am Nachmittag, am Vormittag ...
**morgen Abend:** heute Morgen, vorgestern Vormittag, gestern Nacht ...
**gestern:** vorgestern, heute, morgen, übermorgen ...
**abends:** morgens, vormittags, dienstags, donnerstags, sonntags, mittags ...
Aufgabe 2:
Felix bedeutet zwar der *Glückliche*, aber mein Freund Felix erlebt seit gestern gerade eine Pechsträhne. Schon am frühen Dienstagmorgen hat ihn eine Wespe gestochen, sodass er den ganzen Vormittag mit einem kühlenden Verband herumlaufen musste. Nachdem es ihm besser ging, wollte er nachmittags ins Freibad gehen. Er kam nicht weit, denn es fing an zu regnen. Der Dienstagnachmittag wurde nicht besser, denn bis in den Abend hinein suchte er seinen entflogenen Kanarienvogel. Spät am Abend wollte er noch für den Unterricht am nächsten Morgen ein Buch lesen. Leider war seine Suche nach diesem Buch auch um Mitternacht nicht beendet. Natürlich schlief er spät ein, sodass sich das Pech heute Morgen fortsetzte: Er hörte den Wecker nicht und kam erst vormittags zum Unterricht.

**Seite 57:**
Aufgabe 1:
a) Heute habe ich zum Fußballspielen *gar keine* Lust.
b) Carolin kommt *wie immer* zehn Minuten früher zum Treffpunkt.
c) Jakob hat Bauchschmerzen, weil er *zu viel* gegessen hat.
d) Felicitas hat *genauso gute* Zensuren wie David.
e) Nach Philipps Sturz kamen ihm gleich zwei Jungen *zu Hilfe*.
f) Ich weiß nicht, *wie viele* Gäste zu meiner Geburtstagsfeier kommen.
g) André musste einsehen, dass er für die Bio-Arbeit *zu wenig* gelernt hatte.
h) Um das Spiel zu gewinnen, müssen wir uns *so sehr* anstrengen wie noch nie!
i) Wenn der Film *zu Ende* ist, wird der Fernseher ausgeschaltet.
Aufgabe 2 (mögliche Lösung):
Martin fragt laufend, *wie weit* es denn noch bis zur Hütte ist.
Lena hat die Frage *gar nicht* verstanden.
Auf das Theaterstück morgen freue ich mich *so sehr*.

**Seite 58:**
Aufgabe 3:
1) froh sein, 2) traurig sein, 3) zurück sein), 4) hier sein, 5) fertig sein, 6) heiß sein, 7) still sein), 8) böse sein, 9) sicher sein, 10) gut sein, wahr sein
Aufgabe 4:
a) Euer *Hiersein* freut uns sehr.
b) Beim nächsten *Zusammensein* sprechen wir über unsere Klassenfahrt.
c) Mit unserer Leistung im letzten Spiel können wir sehr *zufrieden sein*.
d) Toms längeres *Kranksein* hat ihn in seinen Leistungen zurückgeworfen.
e) Dein *Traurigsein* macht mich auch ganz traurig.

**Seite 59:**
Aufgabe 5:
**1)** Er musste ehrlich *zugeben*, dass er unser Treffen einfach vergessen hatte.
Robert hatte keine Zeit, seiner Schwester den Brief *zu geben*.
**2)** Die Wohnungstüren müssen bei einem Brand im Treppenhaus *zubleiben*.
Lena bat Paul, noch ein bisschen *zu bleiben*.
**3)** Zur Finanzierung unserer Klassenfahrt wird die Schule etwas Geld *zuschießen*.
Der Stürmer hatte den richtigen Zeitpunkt verpasst, auf das Tor *zu schießen*.

**4)** Bei dem Wetter sollten wir *zusehen*, schnell nach Hause zu kommen.
Viele Passanten blieben stehen, obwohl es gar nichts *zu sehen* gab.
**5)** Nach der letzten Bio-Arbeit hatte Frau Richter einige kritische Worte *zu sagen*.
Wir haben einen Nationalspieler zu unserem Sportfest eingeladen. Hoffentlich wird er *zusagen*.
**6)** Felix schlägt Jonas vor, ein paar Runden mit den Rad *zu drehen*.
Du musst sofort den Wasserhahn *zudrehen*, sonst läuft die Wanne über.
Aufgabe 6:
a) Maria *hat* Lucas etwas *zugeflüstert*.
b) Der Sturm *hat* vielen Häusern großen Schaden *zugefügt*.
c) Lucy *hat* ihrer Freundin die Tür vor der Nase *zugeknallt*.
d) Leon *hat* Lilli freundlich *zugelächelt*.

**Seite 60:**
Aufgabe 2:
*Als* ich das erste Mal in ein Flugzeug steigen sollte, war mir richtig schlecht.
*Bevor* wir durch die Sperre gingen, habe ich noch ein Glas Wasser getrunken.
*Als* wir dann im Flieger saßen, ging es mir schon besser.
Ich fand es richtig toll, *als* wir endlich über den Wolken angekommen waren.
Ich schaute aus dem Fenster, *weil* ich gern unser Haus erkannt hätte.
*Obwohl* die Landschaft klar zu erkennen war, habe ich es nicht entdeckt.
*Wenn* man es erst einmal selbst erlebt hat, ist das Fliegen sehr schön!

**Seite 61:**
Aufgabe 3:
**2** Nachdem wir zwei Stunden geflogen waren, setzte der Flieger zur Landung an.
**3** Wir mussten uns, wie es die Stewardess anordnete, anschnallen.
**2** Während es im Sinkflug abwärtsging, wurde mir wieder etwas mulmig.
**1** Ich musste mir die Ohren zuhalten, weil sie so weh taten.
**1** Das Flugzeug flog durch die Wolkendecke, sodass ich den Hafen sehen konnte.
**1** Dann gab es ein lautes Rumpeln, als der Flieger aufsetzte.
**1** Wir mussten noch angeschnallt bleiben, bis die Maschine zum Stehen kam.
**3** Einige Passagiere aber standen, obwohl es nicht erlaubt war, schon vorher auf.
**1** Manche können es eben nicht abwarten, bis sie endlich aussteigen können.
Aufgabe 4:
Der Flieger setzte zum Sinkflug an, obwohl wir noch weit vom Ziel entfernt waren. Während wir immer tiefer hinabsanken, bekam ich einen Druck auf die Ohren, sodass ich sie mir zuhalten musste. Nachdem wir die Wolkendecke durchstoßen hatten, konnte ich die Schiffe im Hafen sehen. Als der Flieger aufsetzte, rumpelte es heftig. Dann kurvte das Flugzeug noch so lange auf dem Flugplatz herum, bis wir am richtigen Platz hielten.

**Seite 62:**
Aufgabe 1:
Ich glaube, dass ich meine Uhr verloren habe.
Ich bin mir sicher, dass ich sie vor dem Sport noch gehabt habe.
Ich weiß genau, dass ich sie beim Umziehen abgemacht habe.
Es ist am wahrscheinlichsten, dass ich sie in der Kabine vergessen habe.
Dass ich etwas vergesse, das passiert mir eigentlich selten.
Möglich ist auch, dass sie mir jemand gestohlen hat.
Ich vermute aber, dass es nicht so ist.
Dass sie jemand gefunden hat, ist ja immerhin auch möglich.
Und dann hoffe ich darauf, dass er sie beim Hausmeister abgegeben hat.
Jedenfalls wünsche ich mir, dass ich sie wiederbekomme.
Dass ich sie verbummelt habe, möchte ich auf keinen Fall zugeben.

**Seite 63:**
Aufgabe 1:
a) Einmal fuhren wir auf einem Schiff nach Helgoland (,) und das Wetter war gar nicht so schlecht.
b) Erst sah es wirklich nicht schlimm aus, aber dann kam ein furchtbarer Sturm auf.
c) Sollten wir oben auf dem Deck bleiben (,) oder sollten wir nach unten gehen?
d) Ich bin eigentlich nicht ängstlich, sondern ich trau mich eher was.
e) Doch dann bekam ich es richtig mit der Angst, denn das Schiff schaukelte furchtbar.
f) Die Seekrankheit hatte mich voll im Griff (,) und du weißt sicher, was das heißt.

**Seite 64:**

Aufgabe 1:

a) Dienstag, den 17. April [ , ] ...
b) seit Freitag, dem 27.02.2012, um 8:00 Uhr [ , ] ...
c) Mittwoch, den 28. März 2012, um 16:30 Uhr [ , ] ...
d) vom Dienstag, dem 31.01.2012 [ , ] ...

Aufgabe 2:

a) am Montag, dem 23. April, 16:00 Uhr, im Museum
c) Dienstag, den 24. April, Schülerratssitzung
e) Sonntag, den 29. April, 14:00 Uhr Spielbeginn

**Seite 65:**

**Im Restaurant**

In einem Restaurant sitzt eine ältere Frau beim Essen. „Es zieht hier so", sagt sie fröstelnd zu sich selbst. „Kann man das nicht abstellen?" Nach einiger Zeit bittet sie den Kellner: „Könnten Sie die Klimaanlage etwas schwächer einstellen?" Der Kellner antwortet höflich: „Aber natürlich, meine Dame!" Nach zehn Minuten beginnt die Frau zu schwitzen. Sie sagt zu sich selbst: „Es ist hier so warm!" Sie wendet sich noch einmal an den Kellner und seufzt: „Würden Sie die Klimaanlage nicht doch wieder etwas höher einstellen?" „Gewiss doch", sagt der Kellner, „das wird sofort erledigt." Es vergeht nur wenig Zeit, da meldet sich die Dame wieder: „Ach, Herr Ober, stellen Sie doch die Klimaanlage wieder runter!" „Kein Problem", meint der Kellner. Da wendet sich ein Gast, der in der Nähe ist, an den Kellner. „Sagen Sie", fragt er, „sind Ihnen die vielen Wünsche der Dame und das ewige Hin und Her nicht lästig?" „Aber nein", flüstert der Kellner, „wir haben doch gar keine Klimaanlage."

Die Frau muss das, was der Kellner gesagt hat, aber gehört haben. Sie winkt ihn zu sich heran. „Dass Sie keine Klimaanlage haben", sagt sie, „ist mir von vornherein klar gewesen." Dann ergänzt sie: „Ich wollte nur einmal testen, wie freundlich die Bedienung hier ist." „Und?", fragt der Kellner. „Sie haben den Test bestanden", antwortet die Frau.

**Seite 66:**

Aufgabe 1:

**Warum bebt die Erde?**

Die Erde besitzt *eine Erdkruste*, die etwa 35 Kilometer dick ist. (...) Aber wenn man die Erde mit *einem Apfel* vergleicht, ist die Kruste nicht dicker als die Schale *des Apfels*. Das heißt, dass die Oberfläche *der Erde* gar nicht so fest und stabil ist. Dazu kommt, dass die Erdkruste nicht aus *einem Stück* besteht. Sie ist aus *sieben großen und vielen kleinen Teilen* zusammengesetzt. Diese riesigen Erdplatten schwimmen ganz langsam auf *einem heißen, zähflüssigen Brei*. Die große Platte zwischen *der amerikanischen und asiatischen Küste* bewegt sich z. B. mit *einer Geschwindigkeit* von acht bis neun Zentimetern pro Jahr westwärts. Vor *der japanischen Küste* schiebt sie sich unter *eine andere riesige Platte*. Die beiden Platten verhaken und verkanten sich und es kommt zu *gewaltigen Spannungen*, die sich nach *einer bestimmten Zeit* in *einem/ein Erdbeben* entladen können.

**Seite 67:**

Aufgabe 1:

Jedes Jahr zu meinem Geburtstag gibt es *eine* Erdbeertorte. Normalerweise können zwölf Personen von *einer/der* Torte essen. Ich habe es schon erlebt, dass Max oder Paul *eine* halbe Torte allein gegessen hat. Diesmal kamen sie sogar beide, aber meine Mutter hatte vorsorglich noch *eine* Cremetorte gebacken. Zu *der* Erdbeertorte gab es noch reichlich Schlagsahne, auf *die* Cremetorte konnten die Gäste noch frische Heidelbeeren tun. Max und Paul waren sowohl von *der* Erdbeer- als auch von *der* Cremetorte begeistert und haben sich *den* Bauch vollgeschlagen. Schon deshalb meinten sie übereinstimmend, dass ihnen *die* Geburtstagsfeier prima gefallen habe.

Aufgabe 2:

a) Ich habe mir gestern *den* Film angesehen, von dem du mir erzählt hattest.
b) Ich habe mir gestern *einen* Film angesehen, von dem ich noch nie etwas gehört hatte.
c) Ich habe *ein* Portemonnaie auf der Straße gefunden.
d) Ich habe *das* Portemonnaie im Fundbüro abgegeben.
e) Da kommt endlich *der* Bus, auf den wir so lange gewartet haben.
f) Da kommt endlich *ein* Bus. Mal sehen, wohin der fährt.

Aufgabe 3:

In den Sätzen b), c) und f) muss der unbestimmte Artikel stehen, weil mir die Dinge noch unbekannt sind. In den anderen Sätzen sind mir diese Dinge schon bekannt, also steht der bestimmte Artikel.

**Seite 68:**

Aufgabe 1:

**Adjektive:** liebes, große, kaputt, letzte, schlecht, schreckliche, miserabel, geblümten, typisch, spät, ernst

**keine Adjektive:** schon, draußen, unten, nämlich, gern, immer, beinahe

Aufgabe 2: a) als, b) als, c) wie, d) wie, als, e) als

**Seite 69:**

Aufgabe 1:

**Personalpronomen:** ... indem *sie* ihren Kindern, *Sie* verwendeten dazu ..., Auf *ihnen* konnten ..., Eislaufen ist bei *ihnen* ...

**Possessivpronomen:** ... indem sie *ihren* Kindern, *ihren* allseits bekannten Namen, *ihre* Schlittschuhe, *seine* Holzschuhe

**Demonstrativpronomen:** ... *das* war sehr ärgerlich!, ... weil *diese* sich am besten eigneten, *diesen* Namen, ... *das* heißt eben Eisbeine

**Relativpronomen:** ... *die* zu den besten ..., ... *denen* im Winter

Aufgabe 2:

**Anekdote**

Als der amerikanische Politiker Daniel Webster (1782–1852) ein kleiner Junge war, galt er als sehr unordentlich und schmutzig. Seine **Lehrerin** erklärte, **sie** würde ihn windelweich prügeln, falls er wieder mit solch schmutzigen Händen in die Schule käme. „Daniel", sagte **sie** am nächsten Tag, „heb deine *Hand*!" Der spuckte sich rasch auf seine Hand, rieb *sie* an der Hose und hob *sie* hoch. „Daniel", sagte die Lehrerin, „wenn du in deiner Klasse eine Hand findest, *die* schmutziger ist als *diese*, lass **ich** dich laufen!" Da schaute er **ihr** treuherzig in die Augen – und hob seine andere Hand.

**Seite 70:**

Aufgabe 1:

beißen – beißend – gebissen, reißen – reißend – gerissen, streiten – streitend – gestritten, gleiten – gleitend – geglitten, schweigen – schweigend – geschwiegen, lachen – lachend – gelacht, steigen – steigend – gestiegen, schießen – schießend – geschossen, fließen – fließend – geflossen, finden – findend – gefunden, binden – bindend – gebunden

Aufgabe 2:

a) geklettert, schwankenden
b) tosende
c) anregendes / angeregtes
d) sinkenden / gesunkenen
e) geschlossene
f) öffnende
g) landende / gelandete
h) gespannt

**Seite 71:**

Aufgabe 1 (mögliche Lösung):

a) gehe, b) treffe, c) haben gesehen, d) haben gesetzt, e) hast gemacht, f) ziehen, g) gefällt, h) hat bekommen, i) wird gefallen, j) hat sich verliebt, k) umgezogen sind, l) werde mailen, m) besuche

**Seite 72:**

Aufgabe 1:

**Reifenstecher gesucht**

Reifen geparkter Autos wurden in Bergstadt durchstochen. Die platten Reifen wurden (von den Besitzern) meist erst im Straßenverkehr bemerkt. Dadurch wurden dann oft Unfälle verursacht. Deswegen sollten die Autos vor dem Einsteigen kontrolliert werden. Der Polizei wurden bisher zwölf solcher Fälle gemeldet. Die Bürger der Stadt werden aufgefordert, auf Verdächtige zu achten. Auffälligkeiten sollten umgehend gemeldet werden. Leider konnten die Täter bisher nicht (von der Polizei) gefasst werden.

**Seite 73:**

Aufgabe 1:

essen, ich aß, ich äße – finden, ich fand, ich fände – geben, ich gab, ich gäbe – gehen, ich ging, ich ginge – gelingen, es gelang, es gelänge – haben, ich hatte, ich hätte – halten, es hielt, es hielte – kommen, ich kam, ich käme – nehmen, sie nahm, sie nähme – rufen, ich rief, ich riefe – sehen, ich sah, ich sähe – sprechen, ich sprach, ich spräche – stehen, ich stand, ich stände – sein, ich war, ich wäre – sitzen, ich saß, ich säße – tun, ich tat, ich täte – werden, ich wurde, ich würde – zwingen, er zwang, er zwänge

**Seite 74:**

Aufgabe 1 (mögliche Lösung):

ließen, bewahrten, entgegenbringen würden, ausgäben, handelten, verhalten würden

Aufgabe 2:

Wenn ich könnte, was ich wollte!
Wenn ich nur nicht so viel sollte!
Wenn ich eine Freundin fände,
mir kein Feind im Wege stände!
Wenn genügend Geld ich hätte!
Wenn mir jeder Gutes täte!
Wenn man mir nur Lob zuspräche,
keine Freundschaft mehr zerbräche.
Wenn mir alles stets gelänge
und mich keiner zu was zwänge!
Ja, wie wäre ich dann froh!
Aber, ach, es geht auch so!

**Seite 75:**

Aufgabe 1:

Liebe Maren,

wir sind *vorgestern* im Schullandheim eingetroffen. Ein *bisschen* bin ich von dem Heim enttäuscht. *Überall* riecht es muffig. *Deswegen* habe ich *sofort* alle Fenster in unserem Zimmer geöffnet. Ich fühlte mich *danach* gleich besser. Ich bin mit Steffi in einem Zimmer untergebracht. Im Etagenbett schläft sie *oben* und ich *unten*. Das gefällt mir *sehr*, denn *so* kann ich schneller *draußen* sein. *Vormittags* haben wir *immer* vier Stunden Unterricht. Am Nachmittag erkunden wir *oft* die Umgebung. Die ist wirklich schön. *Jetzt* kommt Steffi. Das hätte ich ja *fast* vergessen. Wir wollen *zusammen* ins Dorf einkaufen gehen.

Aufgabe 2:

a) am nächsten Tag = morgen
b) in der Wohnung neben unserer = in der Wohnung nebenan
c) auf dem ganzen Hof verstreut = überall (auf dem Hof)
d) ohne Bezahlung = kostenlos
e) in wenigen Tagen = bald

**Seite 76:**

Aufgabe 1:

Ein hoher Baum steht neben unserem Haus. Der ist für unseren Kater schon manchmal die letzte Rettung gewesen. Auch gestern. Der Kater kletterte ängstlich auf den Baum, denn unter dem Baum rannte ein Hund herum und kläffte. Der Kater saß auf einem Ast und blickte ängstlich herunter. Der Hund sah zu dem Kater hoch und wartete. Doch nach einer Minute wurde es ihm zu langweilig. Er verschwand wieder in seiner Hundehütte. Der Kater oben auf/in dem Baum beobachtete alles aufmerksam. Und dann sprang er, trotz der Gefahr, die ja immer noch bestand, auf den Rasen hinunter. Er rannte durch den Garten – und weg war er.

Aufgabe 2:

Manchmal geht der Kampf zwischen unserem Kater und dem Hund nicht so gut aus. Einmal versuchte der Hund, dem Kater auf den Pelz zu rücken. Der Kater machte einen Buckel und setzte seine Krallen gegen den Angreifer ein. Er schlug auf seinen Kopf und seine Nase. Während des Kampfes gab es ein lautes Gebell und Katzengeschrei. Nach kurzem Getümmel gab der Hund auf. Er zog seinen Schwanz ein und flüchtete in seinen Hundekäfig. An seinem rechten Ohr hatte er eine Schramme. Der Kater legte sich als stolzer Sieger oben auf den Käfig – und blieb auf dem Käfig noch lange liegen.

**Seite 77:**

Aufgabe 1:

a) Tesha findet die Popgruppe echt super, aber mir gefällt die Musik nicht.
Tesha findet die Popgruppe echt super, während mir die Musik nicht gefällt.

b) Anna sollte zur Geburtstagsfeier ihres Onkels mitgehen, doch sie hatte keine Zeit dazu.
Anna sollte zur Geburtstagsfeier ihres Onkels mitgehen, obwohl sie keine Zeit dazu hatte.

c) Mein Bruder muss heute viel lernen, denn er schreibt morgen eine Physikarbeit.
Mein Bruder muss heute viel lernen, weil er morgen eine Physikarbeit schreibt.

d) Alex hatte sich beim Laufen an der Ferse verletzt (,) und er kam als Letzter ins Ziel.
Alex hatte sich beim Laufen an der Ferse verletzt, sodass er als Letzter ins Ziel kam.

**Seite 78:**

Aufgabe 2 (mögliche Lösung):

Letzte Woche nahm ich den Zug nach San Francisco. Damals benutzte ich zum ersten Mal eine Eisenbahn. Gut gelaunt sah ich aus dem Fenster. Besonders begeistert war ich von der weiten Landschaft. Mit großen Augen betrachtete ich die kühnen Brückenkonstruktionen. Plötzlich aber bremste der Zug mit kreischenden Rädern ab. Mit einem entsetzlichen Ruck kam er zum Stehen. Fast wäre ich vom Sitz geschleudert worden. Schüsse und lautes Geschrei zerfetzten die Stille. Gelesen hatte ich ja schon öfter von Eisenbahnräubern. Geglaubt hatte ich so etwas aber nicht. Etwa ein Dutzend wilder Gesellen ritt am Zug entlang. Ungestüm drängten einige in die Abteile hinein. Auf ihre wütenden Befehle hin musste ich meine Geldbörse abgeben. Genauso wie mir ging es allen Passagieren. Im nächsten Augenblick waren die Räuber wieder verschwunden. Zum Glück waren alle am Leben geblieben. Nach der Fahrt habe ich mich bei der Eisenbahngesellschaft beschwert. Zu hören bekam ich aber nur, zurzeit könne die Bahn nichts machen. Damals war das eben so.

**Seite 80:**

Aufgabe 1:

Dabei fanden die Zooforscher Folgendes heraus: Die ganz kleinen Kinder sahen am liebsten den Seehunden zu. Schulkinder beobachteten vor allem die Affen. Dagegen interessierte Jugendliche am meisten die Fütterung der Leoparden. Überraschenderweise sahen sich die Erwachsenen vor allem die Elefanten an. Diese Ergebnisse haben die Zooforscher sehr überrascht.

**Seite 81:**

1. Fledermäuse / sieht / man / besonders häufig / in der Dämmerung.

**oder:**

Fledermäuse / sieht / man / in der Dämmerung / besonders häufig.

2. Dann / jagen / sie / Insekten.
3. Ihr Flug / sieht / etwas gespenstisch / aus.
4. Dennoch / sind / Fledermäuse / ganz harmlos.
5. Trotzdem / verabscheuen / manche Menschen / diese Flugkünstler.
6. Einige Leute / behaupten / sogar,
7. sie / glichen / Vampiren aus Schauergeschichten.
8. Natürlich / ist / das / unsinnig.
9. Der Natur / nutzen / diese fantastischen Insektenjäger / sogar.

**Seite 82:**

Aufgabe 1:

Ein gutes Jahr: **1**
Das fliegende Auge: **2a**
Die Braut im Schnee: **5**
Der traurige König: **1**
Hannas Entscheidung: **4**
Vergessene Welt: **2b**
Hoffnung für Kummerow: **5**
Der Schatz im Silbersee: **5**
Peterchens Mondfahrt: **4**
Im Auftrag des Drachen: **6**
Mein Sommertraum: **3**
Der Traum vom Glück: **5**
Der Mann, der nach der Oma kam: **7**
Dein Schicksal in meiner Hand: **3**
Männer, die durchs Feuer gehen: **7**
Die Fürsten der Dunkelheit: **6**

Aufgabe 2:

Der Club **der *toten* Dichter**, Die Abenteuer **des *tapferen* Robin Hood**, Die Insel **am Ende *der Welt***, Auf der Jagd **nach dem Juwel *im Nil***, Die Reise **unter *weißen* Segeln**

**Seite 83:**

Aufgabe 3–4:

Die Stadt Bernburg, *die an der Saale liegt,* war früher die Residenz **der Herzöge von Anhalt-Bernburg**. 961 wurde von ihnen zunächst eine Burg errichtet. **Diese** Burg wurde in den **folgenden** Jahrhunderten dann zu einem Schloss umgebaut. Sein **heutiges** Aussehen erhielt das Schloss, *dessen Äußeres sehr dekorativ wirkt,* im Jahre 1570. Heute ist dort ein Museum untergebracht, *in dem es eine **beeindruckende** Sammlung **über Mühlen und Müller** gibt.*

Aufgabe 5:

a) Beim **Hafenfest**, *das am letzten Wochenende stattgefunden hatte,* gab es eine Menge verschiedener Segelschiffe zu bewundern.
b) Tausende **Menschen**, *die die Windjammerparade sehen wollten,* standen in mehreren Reihen hintereinander.

**Seite 85:**

Aufgabe 1:

Ein ~~tolles~~ Sturmtief, ~~das es besonders auf alte und morsche Bäume abgesehen hat~~, zieht über die Nordseeküste ostwärts in Richtung Schweden ~~und wird aus manchem Wald Kleinholz machen~~. Es bringt etwas mildere, aber auch feuchte Luft nach Norddeutschland. ~~Gehen Sie also nicht den Wald!~~ Am morgigen Vormittag ist es stark bewölkt. ~~Hört das denn gar nicht auf?~~ Der Regen, ~~der auf die Straßen niederprasselt,~~ geht am Nachmittag in wechselnde Bewölkung mit vereinzelten Schauern über. Nachts kühlt die Luft bis auf 3 Grad ab. Im ~~wunderschönen~~ Oberharz gibt es Temperaturen um den Gefrierpunkt. ~~Es wird also echt kalt auf dem Schulweg.~~ Es weht ein frischer westlicher Wind mit einigen Sturmböen, die an der See Windstärke 8 erreichen können ~~und selbst stärkste Regenschirme zerfetzen~~. Am Mittwoch erreichen uns dichte Wolken und zeitweise Regen, der mit Schnee vermischt ist, ~~fast wie im April~~. In höheren Lagen des Harzes ist es am Wochenende klar, ~~und es ist voraussichtlich noch einmal super Wintersport möglich~~. Der Februar endet mit wechselhaftem Schauerwetter, ~~besser gesagt: mit Sauwetter~~ und Temperaturen um die 7 Grad.

Aufgabe 2:

*Toll* ist ein Wort der Umgangssprache und gehört deswegen nicht in einen sachlichen Bericht.

Aufgabe 3: Richtig sind a, d, h.

**Seite 86:**

Aufgabe 3: a) Erosion, b) Packeis, c) Agraranbau, d) Gletscher, e) Permafrostregion, f) Artenvielfalt, g) Meeresspiegel, h) Bergrutsch, i) Wachstumsperiode, j) Temperaturextreme

**Seite 87:**

Aufgabe 4:

**Auswirkungen des Klimawandels in Europa**

Die Infografik zum Klimareport der Europäischen Umweltagentur (EEA) zeigt die Auswirkungen des Klimawandels in den verschiedenen Regionen Europas. In der **Arktis** schrumpfen durch die Klimaerwärmung *Gletscher und Packeis*. Dadurch kommt es zu einem Anstieg *des Meeresspiegels*. Weil auch die Wassertemperaturen der Meere steigen, ziehen sich *viele Arten in den Norden* zurück. Auch die Fischbestände *sind gefährdet*.

In **Nordeuropa** gibt es dank der Klimaerwärmung zwar *weniger Eis und Schnee*, aber die *Hochwassergefahr* steigt. Vorteilhaft ist, dass die *Wachstumsperioden länger* sind und dass man *weniger Energie für die Heizperiode* braucht. Allerdings kommt es in Nordeuropa im Winter vermehrt zu *Sturmschäden*.

In **Nordwesteuropa** fallen im Winter stärkere Niederschläge, deshalb *steigt dort die Hochwassergefahr an den Flüssen und Meeresküsten.*
In **Zentral- und Osteuropa** verursacht die Klimaerwärmung extreme Temperaturen. Die Waldbrandgefahr steigt, weil im *Sommer weniger Niederschläge* fallen. Dagegen steigt im Winter die *Hochwassergefahr.* Aber ein Vorteil für diese Region ist, dass der *Agraranbau vielfältiger wird.*
In der **Mittelmeer-Region** fallen weniger Niederschläge. Das hat zur Folge, dass die Waldbrandgefahr steigt. Es gibt mehr *Hitzetote*, die *Ernten* werden geringer und die Artenvielfalt des Mittelmeerraums ist *bedroht.*
In den **Bergregionen** verursacht der Temperaturanstieg, dass die *Gletscher schmelzen* und die *Permafrostgebiete* schrumpfen. Es wird vermehrt Bergrutsche und Erosionen geben. Für die Artenvielfalt der Bergregionen besteht ein *hohes Risiko*, manche Arten werden aussterben.